CHANTS DU COUVRE-FEU
POÈMES DE LA CAPTIVITÉ

HENRI VENDEL

TABLE DES MATIÈRES

PRIÈRE A LA FRANCE	1
POÈMES DE LA GUERRE	
LE BAL DES MOUCHES	5
LA FILLE DU ROI	7
PÉGUY	8
AUX MORTS DES VIEILLES GUERRES	10
APPROCHE	11
PREMIÈRES BOMBES	12
PRÉSAGE	13
L'EXODE	14
MIGRATEURS	16
LA MAISON PILLÉE	18
LA VILLE INCENDIÉE	20
DÉFAITE	22
ALTAIR	24
LE CŒUR DU CONQUÉRANT	25
L'ESPOIR AUX MORTS	27
LE TEMPS DES MAINS	29
AU POURCHAS	31
LA GUEUSE	32
NÉMÉSIS	34
POÈMES DE L'ATTENTE MORNE	
À BREBIS TONDUE	39
GÉNIES DE FRANCE	41
LE GUICHETIER	43
HIVER	44
À UN NOUVEAU-NÉ	46
AVEUGLES	47
AVANCE, HUMANITÉ !	48
NUITS	51
LE PONT PUTTE-SAVATE	53
ATLAS	55

POUR LES MORTS EN CAPTIVITÉ	56
LA TEMPÊTE	57
LES FUSILLÉS	58
APOCALYPSE	59
LE VENT QUI PEIGNE...	62
AVENT	64
NOËL 1943	65
TÉNÈBRES	68
LA PLAINTE DU VENT	70
LE PRISONNIER	71
PLEURS DIVINS	73
LES MAINS DE SANG	75
L'AUBE AVARE	76
TEMPS MAUDITS	78
LE VOL NOIR	80
LA MER	81
LE VENT SOUS LA LUNE	82
L'ASSASSIN DES JOURS	84
LES MORTS SUR LA NEIGE	85
LE TEMPS DE L'ESPERANCE.	87
DÉSESPOIR	89

POÈMES DE LA PRISON

PREMIERE AUBE	93
BRUITS	95
LE COMPAGNON	96
LA VOISINE	98
LE BRIN DE SENEÇON	100
LA SOUPE	101
AMITIÉ	102
LA FOSSE	103
LES BONS SERVITEURS	104
APRÈS LA SOUPE	105
LIBÉRATION	107
SOUVENIR	108
CONDAMNÉS	109
RAIS DE SOLEIL	110
LES COPAINS	111
LA LIBÉRATRICE	112
LE CRI-CRI	113

L'ANGE SUR LES TOITS	114
FÊTE DES SOUVENIRS	116
RYTHME	118
LA RADE	120
LES PÂQUERETTES	122
LES AMOURS DES AUTRES	124
VENDREDI-SAINT	126
PÂQUES	128
L'ARBRE D'HIVER	130
LE VENT	131
LÀ-BAS	133
LE MATIN	134
LA LUNE	135
LE FUSILLÉ	136
LE PAIN-D'AMERTUME	137
LES TRAINS	138
LA FOIRE LOINTAINE	139
OMBRES	141
LA DAME DE CŒUR	143
GALÈRES	144
HOSTILITÉS	145
DÉPARTS	147
MATINS	148
L'ARCHE	149
NUAGES	150
FIAT VOLONTAS TUA	152
SURSUM !	154
TOUT LE CIEL	155
LA REINE CAPTIVE	157
NAUFRAGÉ	158
LA JACINTHE	160
LE VIVIER	162
PRIÈRE POUR LA LIBERTÉ	163
LE RETOUR À L'AZUR	165

POÈMES DE L'EXIL

LE GIBIER	169
LE FUGITIF	171
LE CHEMIN DU ROYAUME	172
LA TUNIQUE DE NESSUS	174

A SAINT CHRISTOPHE	175
LA DERNIÈRE ÉTOILE	176
SOUVENIR	178
LE PAUVRE DU SEIGNEUR	179
IN MANUS TUAS, DOMINE...	180
L'AVRIL	181
MEUBLES	182
ATTENTE	184
LA VEILLEUSE	186
LE JUGEMENT DERNIER	187
L'ARÔME	189
L'ARRACHEUSE DE BETTERAVES	191
MES DEUX LIVRES	192
L'ÉVADÉE	194
AU FRÈRE AUSTRAL	196
NORMANNIA DEVAITATA	198
PRIÈRE POUR MA MÈRE	200
LE JUGE	202
LA SAINTE MARIE	203
LE VILLAGE EN RUINES	205
LES FABLES DE LA FONTAINE	206
LE BOURDON	208
À L'ORÉE DES PRODIGES	209
HOC ERAT IN VOTIS...	210
LES SAISONS NUES	212
LA BONNE MORT	214
LE CHEMINEAU	215
AUX CHAMPS	217
NON FECIT TALITER	218
LES PAS DE LA VICTOIRE	220
À LA VICTOIRE AILÉE	222
LES AIGLES D'OR	224

PRIÈRE A LA FRANCE

« *Pleindre poümes France dulce, la bele* »
— (LA CHANSON DE ROLAND)

(Au lendemain de la capitulation de 1940)

Ce poème devait figurer ainsi que quelques autres, interdits par la censure allemande, dans un recueil dédié à la France meurtrie et qui parut sous le titre : La Couronne d'Épines.

A Paul CLAUDEL.

Dans l'histoire tu mis la clarté d'un sourire,
    douce France aux doigts fins de belle dentellière,
mais, quand tu pris à l'ange une épée de colère
ta révolte en haillons fit crouler des empires.

Voilà tes mains liées et ta lumière éteinte...
Toi qui fus reine, ton amour, le vent l'emporte.
Un pesant ennemi prend les clefs de ta porte,

et tu trembles, vaincue, devant l'ignoble étreinte.

France immortelle, seul Dieu connaît ton destin.
S'il t'a placée, vigie, à cette proue du monde,
n'est-ce pour dominer sur la ruée des ondes ?
n'est-ce pour guider l'homme au Royaume divin ?

Née du plus tendre amour de la terre et du ciel,
le lys fut ton orgueil, le rire ta parure.
La raison devint Rose et la folie mesure,
quand aux nues ta pensée tendit son arc-en-ciel.

Verger toujours en fleurs dont l'esprit fut l'abeille,
nid le plus duveteux de la sagesse ailée,
ta gloire aux gouffres noirs s'en est-elle envolée ?
Terre de réconfort, dame du bon conseil,

o Mère, prends pitié ! Vois tes fils sans courage
et sans foi. Tu sais, de ton argile, pétrir,
pour les autels, des saints, des héros et des sages :
tu fis Jeanne. Dis-nous qu'il est sain de pâtir.

Patrie dont la grandeur naquit de la souffrance,
eucharistique sol, pénètre dans nos veines
et nourris l'espérance aux victoires prochaines,
terre des renouveaux et des miracles, France !

POÈMES DE LA GUERRE

L'auteur a groupé sous ce titre des poèmes de circonstance allant de la « drôle de guerre » à la prise d'Athènes.

« Madame, je serois ou du plomb ou du bois,
Si moy que la nature a fait naistre Francois,
Aux races à venir je ne contois la peine
Et l'extrême malheur dont nostre France est pleine ».

— PIERRE DE RONSARD.

LE BAL DES MOUCHES

Ce vain ballet, sous le lustre, des mouches,
tant d'avancées, tant de reculs farouches,
n'est-ce l'image, autant qu'une fumée,
des joies de l'homme et du jeu des armées ?

Combien sont morts de capitaines
et combien aux terres lointaines
qui s'endormirent dans leurs peines ?

La terre tourne et les fleuves l'enlacent.
Le blé mûrit, dont les faux ne sont lasses.
Des soldats jouent, le soir, devant ma porte,
des soldats jouent et le vent les emporte.

Qui peut me dire qui nous mène ?
et quel noir tyran nous entraîne,
fils d'amour, à semer la haine ?

1939.

LA FILLE DU ROI

Dans le jardin d'mon père, où sont, fille du roi, où sont les rossignols qui chantaient pour la rose, et la colombe au toit ?

J'ai vu, sous mon balcon, passer les capitaines qui s'en allaient en guerre. Hélas ! aux fronts moroses tu n'as mis marjolaine !

N'est-il plus de tambour ni de ruisseau d'argent ? n'est-il de pommier doux ni de beau cavalier pour être ton amant ?

Si la fille du roi ne peut se marier je chanterai pour elle, au temps des jeunes pousses, une chanson très douce.

Je chanterai pour elle et pour mon cœur en peine, si la fille du roi tant pleure à la fontaine la mort des capitaines.

1939.

PÉGUY

A Jérôme et Jean THARAUD.

Cette balle au front de Péguy, de quel soldat
probe et naïf, de quel soldat selon son cœur,
est-elle née ? Il crut mener le bon combat
et fut content d'atteindre au but, l'adroit tireur.

Le crâne a, dans les champs pleins de songe, éclaté,
comme une akène mûre au soleil de septembre.
Péguy tomba, d'un coup, tel un épi jeté ;
un sol parent de Beauce a recueilli ses membres.

Il fut, dans la moisson, le grain de la semence,
le plus sain, que la terre aime seul à nourrir.
Il est le germe pur en son Ile de France,
l'honneur de nos labours et la force à venir.

Soldat probe et naïf, soldat selon son cœur,
tu fis bien ton métier. Le laurier, dûment,
ton fusil l'a posé sur le front le meilleur
et Péguy te bénit de son couronnement.

AUX MORTS DES VIEILLES GUERRES

Immobiles guerriers désarmés par la terre,
vous qui ne savez plus le nom de l'ennemi,
quel rêve vous éveille, o morts des vieilles guerres ?
Les os n'ont pas de haine et plus rien n'est, hormis,
en vos crânes, l'élan du rosier vers la tombe.
Vous errez, évadés de vous-mêmes, pâture
offerte à l'avenir... Quel vol blanc de colombe
portera l'olivier sur votre sépulture ?

APPROCHE

On fane. L'herbe meurt et parfume l'air tendre.
L'alouette grisolle et le blé songe aux meules.
Chanteront-ils encore, les grillons, sous la cendre,
lorsqu'aux longs soirs d'hiver mon âme sera seule ?

Mais où sera mon âme, où ses frêles amours,
quand les buissons mouillés n'auront plus qu'ombre vaine.

La mort hume l'arôme hélas ! de ces beaux jours,
sa main prend notre épaule et déjà nous entraîne,
o fleurs, vers quelle danse et quel sabbat immondes ?
Au bruit des faux dans l'herbe un grondement se mêle,
et, tandis que s'ébranle une macabre ronde,
les oiseaux vers leurs nids volent à tire d'ailes.

PREMIÈRES BOMBES

A mes amis CHENET.

Mai d'aubépine et de cytise
parfume les soirs éblouis.
O les grands lys dans les églises
devant la Vierge épanouis !
Déjà sous les courbes nuages
le coucou chante à voix lointaine.
De terre à ciel il n'est message
que l'Amour en ses doigts n'égrène.
Etangs, buissons, villes, délirent
sous la paume douce de l'air,
mais, soudain, quel fracas déchire
l'azur, si calme, d'un éclair ?

Les rosiers sont en fleurs et les enfants sont morts.

PRÉSAGE

Une folle appelle un chat dans la nuit,
tandis qu'à l'orée s'en vont les canons
et que, sur les morts, Vénus, calme, luit
Dans le grand sabbat Satan perd son nom.
Il a dérobé masques et visages
(le beau Carnaval de mort et de sang !)
Il est le devoir des enfants bien sages
et les deux moitiés du Dieu Tout Puissant.
Qu'ont-ils fait du chat, les canonniers ivres
qui blessent le ciel d'obus et de cris ?
Mascotte où s'appuie leur désir de vivre,
le chat de la folle est un des esprits,
un des purs esprits qui mènent le bal,
et, sur l'accoudoir, hurlant vers les astres,
la folle qui voit le monde bancal,
la folle prédit les prochains désastres.

L'EXODE

A Charles BRAIBANT.

Les ponts qui franchissaient de paisibles rivières,
reliant d'amitié les champs et les villages,
tous les ponts fraternels ont sauté dans les guerres,
et les vieilles sans toit se cachent le visage.

Nul ne sait, dans la foule, où mènent les chemins
quand nous allons, traînant nos peurs avec nos hardes,
les pieds meurtris, le cœur plus las, aux lendemains.

N'est-il donc sur la tour de veilleur à sa garde
et l'archer ne va-t-il abattre le destin
des hommes sans amour qui n'ont plus que leur faim ?

Peut-être atteindrons-nous aux plus lointaines criques,

mais les bateaux ont fui loin des môles déserts

et les cadavres seuls dormiront dans les mers

sous l'aveugle regard des poissons électriques.

Juin 1940.

MIGRATEURS

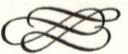

Aube, quelle espérance accompagne les chars
qui franchirent déjà le col nu des collines ?
Par les chemins suivis des conquérants barbares,
les hommes migrateurs, tourmentés de rapines,

les hommes sont partis vers leurs buts fatidiques.
Une force les chasse, et l'immense troupeau
soumis comme les vents à des règles cosmiques,
erre. D'aveugles chefs agitent leur drapeau.

La foule à son insu vers son destin s'écoule.
Tombera-t-elle encor, votre manne, déserts ?
ou sur le serpent vert qui sans fin se déroule,
vous refermerez-vous, murailles de la mer ?

Les peuples sont partis vers les terres promises

où dansent le vin d'or et les torrents de lait.

Frappera-t-elle, au soir, les cornes de Moïse

la foudre qui s'abat aux monts obnubilés ?

Juin 1940.

LA MAISON PILLÉE

A ma femme.

Pendule qui sonnais dans ma maison lointaine
   les heures belles d'espérances,
ta voix s'est tue, et le silence
entre les murs parle de haine.

L'essaim des pensées d'or envolé loin des livres,
il n'est plus sous mon toit que poussière et débris.
Le foyer que j'aimais, des barbares l'ont pris,
le foyer clair, ils l'ont souillé de leurs mains ivres.

O choses qui m'étaient plus douces qu'une chair,
musique évanouie des jours, calme des soirs,
et toi, charme, présence invisible et si chère,
puisque la France meurt et qu'il n'est plus d'espoir,

meurent mes souvenirs et meure ma prière !

Juin 1940.

LA VILLE INCENDIÉE

A Jacques GREBER.

La ville, si paisible, a flambé comme une âme,
   la petite ville endormie. De hautes flammes
ont tordu sous le ciel l'immense chevelure
des désirs que celait son immobilité.
Elle est nue maintenant et montre ses brûlures.

Ce qui fut joie, intimité,
n'est plus qu'un amas monotone
dont le vol des corbeaux s'étonne.

Tout gît. Seules, filles du feu, les cheminées,
comme des bras levés qui réclament justice,
parmi les éboulis, la boue, les graminées,
jaillissent. Les hommes sont vaincus, mais les choses

crient vers le ciel, de tout l'éclat des cicatrices.

La ville, endormie dans sa vie,
la ville aux roses d'incendie,
la ville est morte et ne repose.

Juin 1940.

DÉFAITE

Hirondelle, ton nid, suspendu comme un cœur
        à l'autel, *ex-voto* d'espoir et d'envolée,
ton nid n'est plus que cendre. Les pierres se meurent.

Confidente des morts aux funèbres vallées
de Babylone et de Memphis, toi qui domines
de ton frivole vol la fuite des empires,
quelle plainte a jailli des tombes en ruines ?
quel sanglot de colonne aux palmes de Palmyre ?

Nous allons nous coucher parmi les blancs fémurs
des rois dont le pouvoir ne fut qu'une fumée.
Nous allons nous coucher sous les pans de nos murs,
et nos palais déjà sont promis aux forêts.

Alors, tu porteras à d'autres, hirondelle,

le printemps dont un peuple à sa gloire infidèle

n'a cure. Maintenant nous convient la saison

de la sève au déclin, de l'ombre, des tisons.

23 juin 1940.

ALTAIR

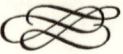

Pour Émile DACIER.

Un bruit de bottes jamais las,

et, tout en bas, des rires gras...

Mais Altaïr sur nous, immarcescible, luit ;
le ciel, vol lumineux, essaime dans la nuit.
Parmi le flot laiteux des pâles nébuleuses
quel amour calme coule ? O planètes, baigneuses
qui plongez dans le fleuve aux incertaines rives,
mon âme, comme vous de son destin captive,
mon âme n'entend plus qu'un hymne d'infini.

Juillet 1940.

LE CŒUR DU CONQUÉRANT

O cœur du conquérant à lui-même inconnu !
 Quelle pulsation projette sur le monde le sang,
haineux soudain, des peuples ingénus ?

Aigle qui soulevas les hommes dans tes serres,
tu voulus, fol orgueil ! rendre la mort féconde
et de tes yeux d'acier lire dans les éclairs.

Mais un dieu, dictateur, te force à ton destin.
Tu ne sais quelle aurore à ton appel se lève,
quel astre étend ton ombre et quel souffle t'élève,
car tu cèdes toi-même à quelque obscur instinct.

Proie sans répit offerte aux demains qu'elle ignore,
en vain tu veux monter d'un essor continu :

de son rapace bec l'avenir te dévore,

o cœur du conquérant de lui-même inconnu.

L'ESPOIR AUX MORTS

Vers quels destins, pleins d'ombre et de soleils magiques,
aveugles, errent-ils, les peuples dont la trace
est de cendre ? Ils vont, lourds d'angoisses, de menaces,
poursuivis par le vol des oiseaux maléfiques.

Migrations ? fols tourbillons ? vengeance ? haine ?
L'homme est parti, lâchant les fauves de leurs cages.
Tous les maux oubliés rôdent par les villages,
le sang des innocents troublera les fontaines...

O vous, demeurés seuls dans les vieux cimetières,
morts, obstinés gardiens de nos défuntes gloires,
vous qui remémorez entre vous notre histoire,
soyez le bouclier, ossements, de la terre.

Seraient-ils vains, au Jugement, tous les efforts

que firent les saints clairs et les calmes héros ?

Les vainqueurs de jadis nous tendent leurs flambeaux.

Ah ! temps si noir qu'il n'est espoir que dans les morts !

LE TEMPS DES MAINS

Le temps est revenu des mains et de la hache,
du bois qu'on fend, du sol qu'on bêche et de l'effort.
Le temps est revenu des primitives tâches
que, naguère, à vil prix, faisait oublier l'or.
Le monde a recouvré sa dure densité.
La terre sous les pas est ferme. Son argile
avec le cœur de l'homme avoue sa parenté.
Déchirés par le heurt des éléments hostiles,
nous savons, à nouveau, quel est notre ennemi
et quelle montée mène au seuil de la victoire.
Nous retrouvons la faim, le froid, les dieux bannis
mais immortels, auxquels nous ne voulions plus croire.
Ils vont nous façonner, à l'égal des ancêtres,
d'un rude pouce, accusant seul l'essentiel,
justes, cruels, en artisans devenus maîtres

en leur métier, qui est de sculpter l'homme, tel
que, parmi les combats, l'exige le destin :
en guerre avec le fer, le feu, le ciel et l'onde,
victorieux parfois, mais jamais souverain,
dévoré dès qu'il rêve ou dort, dompteur du monde.

AU POURCHAS

Les étoiles déjà s'éteignent.
Aube des âmes, espérance,
aux regards des peuples qui saignent
quelle terre de délivrance ?

Nos jours, nomade race humaine,
sont des caravanes de peines
au pourchas du bonheur enfui.
Mirage encor ? mire qui luit ?

son reflet brille en chaque aurore.
Ne viendra-t-elle la saison
qui liera de ses chaînes d'or
les pieds du rêve dans la nuit ?

LA GUEUSE

Ami du jour, le coq a trop vite chanté :
te voilà de retour, garce antique, misère.
Tu couchas tant de fois avec l'humanité
que l'on te croyait morte et pourrie en la terre,
mais tu restes fidèle à tes amours. Bientôt
nous reverrons hélas ! tes seins tristes qui pendent,
besaces vides, et tes os, sur les tréteaux,
bancroches danseront l'horrible sarabande.
Tu viendras à nouveau jouer la maquerelle,
trafiquer sur le zinc des esprits et des corps,
vendre, pour un bout de jambon, une pucelle
d'occasion, — combien d'âmes pour un grain d'or ?
Afin de nous mener à ton bar interlope
tu lâcheras sur nous ton molosse, le froid
aux crocs aigus, avec la faim, cette salope.
Tu seras au profond de nous-même. De toi

aucun ne pourra plus détourner sa pensée.

Tu nous obséderas comme un vice, catin.

Tes baisers friperont nos figures lassées

comme fait aux vieillards la débauche au matin.

Tes lèvres videront mes vertèbres de moelle,

tu pâliras mon sang et rideras ma chair,

mais tu ne saurais pas interdire aux étoiles

de se mirer, jusqu'à la mort, en mes yeux clairs.

NÉMÉSIS

Aux poètes Costa VARNALIS et Dora MOAZZO.

Colline sainte, Acropole, quelle victoire
    sur toi lourdement posé des pieds bottés ?
quel vol sur ton rocher s'abattit d'aigles noirs
qui dévorent l'offrande à tes autels sacrés ?
Athéna-Promachos, de ta main sur ta lance
n'as-tu senti frémir le courroux, o guerrière ?

Terrible, s'évadant de la nuée profonde,
la troupe, à ton appel, des Erynnies s'élance
et nul n'arrêtera leur furie meurtrière.
Justes lois qui veillez sur le rythme du monde,
jamais flèches, ni dards, immortelles,
ne blessent en vain le doigt que vous tendez vers le destin.

Les dieux même, les dieux redoutant leur faiblesse
que fléchirait parfois le malheur des humains,
les dieux vous ont remis d'enfanter l'avenir.
Heureux celui-là seul que votre ombre protège !
Comme au sommet des monts une fumée de neige
à vos pieds qui vont droit se perdent les prières,

Nul ne modifiera l'inflexible cortège.
Vous commandez aux cieux, aux saisons comme aux guerres
et déjà sur les mers notre espoir vit surgir
Némésis couronnée de victoires altières.

Avril 1941.

POÈMES DE L'ATTENTE MORNE

*« Que direz-vous, races futures
Si quelquefois un vrai discours
Vous récite les aventures
De nos abominables jours ? »*

— FRANÇOIS DE
 MALHERBE.

À BREBIS TONDUE

A Pierre PASQUIER.

Quelle mesure du vent,
blonde agnelle, aux coteaux bleus ?
Quelle mesure du vent
te réserva le bon Dieu ?

L'humanité fut tondue
par quelques marchands de mort.
Sait-on sur quelle étendue
les mourants dorment encore ?

et s'il sommeille au soleil
Celui qui veille aux mesures ?
Plaise aux cieux qu'il se réveille
avant la finale usure

de nos cœurs et de nos veines !

Quelle mesure du vent
sur les troupeaux de la plaine ?
Quelle mesure du vent,
des maux, du sang, de la haine,
blonde agnelle, et des mourants ?

GÉNIES DE FRANCE

Ô lumière du monde en l'onde évanouie !
    Vous dont le souvenir sur l'océan brasille,
visages de clarté, cœurs de flamme, génies,
vous éclairiez la nue de vos noires pupilles,
et, portés sur vos fronts de sages, le nom d'hommes
semblait une couronne accordée aux vainqueurs.

Vous qui fûtes l'aurore, aux limbes où nous sommes
tombés, je tâtonne, quêtant quelque lueur...

Retirés dans le sol comme en un sanctuaire,
vos tombes jalonnaient de lueurs le chemin,
quand des pas conquérants sous l'herbe vous blessèrent,
des pas qui sonnent lourd à vos cœurs souterrains.

Esprits dont le vol d'or souleva la patrie,

vous qui l'avez nourrie à l'égal de la terre,

suc ardent de sa pulpe et son âme qui prie,

n'avons-nous encouru votre juste colère ?

O chutes par le ciel des étoiles éteintes !...

LE GUICHETIER

A Marcel BOUTERON.

Hasard et goût, je fus guichetier de pensées,
    mais, prisonnier -moi-même entre des murs de livres,
ébloui de leurs ors, ai-je oublié de vivre ?

Parfois, quand le chant de la rue à mes croisées
battait, j'eus le regret d'un chaud contact humain...
Pourtant ma part fut belle et je vous remercie,
Semeur des quatre vents, d'avoir empli ces mains.

J'ai tout aimé, jours de sagesse ou de folies.
S'il me faut maintenant porter mon faix de peines,
o livres dont les mots ont un somme d'abeilles,
donnez-moi votre miel et votre cire pleine,
à moi l'humble gardien des pages qui sommeillent.

HIVER

A Guy LAVAUD.

Ces longues pluies que nous verse l'automne,
    tant de jours gris que le ciel abandonne,
de rameaux nus que la bise éperonne,

    tout, jusqu'aux pleurs de la dernière rose,
    tout qui décline à nos esprits propose
    non pas la mort, mais la métamorphose.

    Ainsi la France obéit aux saisons.
    Elle a connu bourgeons et floraisons,
    elle a connu les plus riches moissons.

    Un vent pillard maintenant la dépouille,
    ses chênes fiers ne portent plus que rouille

et les débris pourrissent qui la souillent.

Cinglent les pluies et fouettent les tempêtes !
Morde le gel qui nous courbe la tête,
nous laissant nus, grelottant comme bêtes :

Ce n'est qu'hiver pour la France éternelle !
Le temps viendra qui la couronne d'ailes,
le temps des nids et celui des javelles.

À UN NOUVEAU-NÉ

Vieux berger sans brebis et mage sans royaume,
    je te salue, enfant qui rachètes le monde.
Il n'est plus de myrrhe, d'encens, plus même arôme
de fromage, hélas ! ni d'étoile vagabonde.
César nous mène et les savants savent les règles
des comètes. On repeint l'univers à neuf,
mais les poussins restent toujours la proie des aigles...

Je te salue au nom de l'ânesse et du bœuf
qui gardent dans leurs cœurs l'éternelle innocence,
au nom du rouge-gorge et des chats d'alentour,
au nom de ce qui rêve, aspire, chante ou danse,
et je t'apporte un peu de pommes et d'amour.

AVEUGLES

A André PAYER.

L'heure vole, pudique, brève.
L'aveugle, avec sa canne blanche,
sait-il que le soleil se lève
et que l'aurore est sur les branches ?

Des soldats s'en vont, Dieu sait où !
les bras ballants et le pas lourd.
La guerre qui pèse à leurs cous
détourne leurs regards du jour.

Moi que les chimères menèrent
à de funèbres carrefours,
ai-je oublié qu'une lumière
brillait aux yeux de mon amour ?

AVANCE, HUMANITÉ !

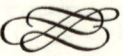

A la mémoire de Romain ROLLAND.

Quelle atroce main nous tenaille
et décharna le flanc des terres ?
Les morts tombés dans les batailles
volent déjà dans la poussière.
Les chairs, les âmes, tout pourrit,
et les vivants sont des cadavres
en qui l'espérance a péri.
L'Amour même, l'Amour se navre.
Nos villes pleurent sous la cendre
et nos champs ne sont qu'une tombe
où tant de peuples vont s'étendre.
Lasse, la foi tremble et succombe.

Alors, du sol gelé naquit la primevère

et le merle écouta l'approche du printemps.

Les bulbes se gonflaient de sève,

le mystère du renouveau troubla le mystère du sang.

Quelle étoile a guidés, sur la route inconnue,

les morts vers leur destin de vol ou de feuillage ?

Ils sont partis dès l'aube et leur pâle venue,

à pas muets, déjà colporte son message :

Avance, humanité ! Les germes naissent

et l'avenir, au sein des pourritures,

éclot, si frais, si pur, qu'une jeunesse

d'azur illumine les mers obscures.

Avance : l'air nouveau baise le ciel

sur ses yeux clos. Dans le proche matin

vois la terre qui, sous les crocs du gel,

rêve et s'abandonne aux fleurs du jardin.

Avance, humanité ! Sur les sommets

le jour, aigle aux rémiges d'or, le jour

longtemps promis plane et va se poser.

Un jeune dieu sur sa monture accourt.

Avance, et prends les palmes en tes paumes !

Demain, dans l'hosannah de l'allégresse,

demain l'Amour t'offrira son royaume,

car ton pas lourd, c'est vers lui qu'il progresse.

NUITS

Délire, sur les monts, du soleil qui se couche !
Les vallées, soûles d'ombre, ont des râles d'écume
et les dieux infernaux grondent aux profondeurs,
mais nul ne saisit plus les oracles des brumes.
O ventres de la nuit, ténèbres maternelles,
l'avenir est le fruit des plus sombres entrailles !

Nuit de la terre, où brûle une flamme éternelle,
quel regard glissera, prophétique, en tes failles ?
Et toi, sur les fronts morts couveuse de soleils,
nuit océane où flotte une laitance d'astres,
quel horoscope ardent prédira les réveils
qui naîtront, quelque jour, de nos pires désastres ?

Nuit des siècles sans nom où les races humaines,
aveugles, pêle-mêle, et baignées dans le sang,
tâtonnent, nuit hantée de meurtres et de haines,
nuit d'orphelines peurs et de vagissements,
nos vieilles nations vers tes eaux baptismales
se précipitent, nuit des tombes en révolte,
nuit de métamorphose où la mort libérale
sème déjà le grain de lointaines récoltes.

LE PONT PUTTE-SAVATE

A Mlle Germaine MAILLET.

*P*ar le vieux pont Putte-Savate
errent les siècles disparates,
combien de dames et d'amour,
mais, plus encor, combien de peines ?

Ce sont les pas de tous les jours,
et non les talons de la reine,
qui marquent la terre d'empreintes.
Les hommes coulent comme l'eau
sous le vieux pont Putte-Savate,
et ne sais quel plus lourd bateau
que ce cœur trahi par la vie...

Traînant désirs, pillages, craintes,
la guerre passe, et la folie.
Hélas ! tant d'hommes qui se battent,
qui peinent, prient, rêvent, bâtissent,
laisseront moins de trace au monde
que cette eau paresseuse, lisse
sous le vol brisé de l'aronde.

ATLAS

Atlas qui porte un monde à toi-même inconnu,
quel avenir sur tes épaules, temps présent ?
Son poids t'écrase, tu chancelles, tes pieds nus
saignent. Courage ! il n'est nuage si pesant
qu'il ne mêle à l'angoisse un reflet d'espérance.

Au delà des soleils et des astres sans nom,
toi, le rude géant, dans la ténèbre avance !
Un jour peut-être, ayant chassé tous les démons
qui retardent ta marche aux sanglants carrefours,
Dieu viendra-t-il vers toi, les mains pleines d'amour.

POUR LES MORTS EN CAPTIVITÉ

*L*es tilleuls de tes mails dans la brume s'effeuillent
et ton âme est pareille à la vieille aux tisons.
Ne pleure plus, ô France, une folle saison
mais, l'oreille aux tombeaux, médite et te recueille.

Qu'importe au cœur altier, qu'importe l'indigence ?
Ton deuil même t'élève et le fardeau sacré
des fils tôt revenus au sol dont ils sont nés.
Tu les portes en toi comme avant leur enfance,
mais les os que retient une terre étrangère...

Cueille l'ultime rose à ton jardin d'automne,
mère des morts, et soulevant ton voile, donne
ton plus tendre baiser à ceux-là de nos frères
qui s'abreuvent d'exil jusqu'en leurs cimetières.

LA TEMPÊTE

Quel matelot d'un chant lointain me navre ?
Des mains de nuit cueillent les fleurs de feu.
L'océan flambe et les squales par jeu
plongent — O joie ! — dans le banc des cadavres.

Le ciel mûrit l'obus à l'horizon
qui, tels un œuf, fait éclater les crânes.
Tout est péril, angoisse, trahison.
Tout est ruine, et nos deuils nous condamnent.

Vous qui voyez les siècles sur les mers sombrer,
Seigneur, dans les sombres tempêtes,
laisserez-vous dévorer des éclairs
nos jours gréés pour d'estivales fêtes ?

LES FUSILLÉS

A André LEJARD.

Dans l'aube, quelle lueur fauve ?
    Douze balles au pied d'un mur
ont taché de sang le sol chauve,
tous les cadavres sont obscurs.

Que la pluie lave les pavés !
Quatre morts, c'est maigre pitance,
Une aurore va se lever
qui verra de bien autres danses...

Les feuilles dorment dans leur nuit,
l'oiseau gris ne s'est éveillé.
Pourquoi mènent-ils tant de bruit,
en moi, ces quatre fusillés ?

APOCALYPSE

A Edouard GŒRG.

Cette nuit, j'ai collé mon oreille à la terre :
elle tremblait de peur comme un chien que l'on fouaille
et j'entendis monter le galop des colères.
Ah ! qu'ils sont lourds, et violents, dans les batailles,
les sabots dont l'Orgueil frappe les Nations !

Seigneur ! Seigneur ! Quelles mains seront assez pures,
et quelle eau, pour laver nos âmes et nos fronts
du sang coagulé de tant de meurtrissures ?
Nous serons les damnés des siècles. Sans arrêt,
nous irons, Juifs errants aux pages de l'histoire,
chargés d'opprobres, loups que maudit la forêt.
En vain nos murs sont peints de soleils illusoires,
le temps nous précipite aux ténèbres d'enfer.

Chute éternelle, noirs vertiges des abimes
où retentit la voix : « Qu'as-tu fait de tes frères ? »

Seigneur, nous étouffons du sang de nos victimes.
Un océan de flamme a submergé la terre.
Quel Noé fera l'arche et sauvera les justes ?
(s'il en est à sauver) Sur quel mont la colombe
posera-t-elle un vol de neige, et quel arbuste
lui tendra le rameau qui ne vient pas des tombes ?

Porteur d'épée, o cavalier du cheval roux
qui reçus droit de mort, tes cruels étendards
ont flagellé la terre, et contre ton courroux
la paix aux tendres mains, la paix n'a de remparts.
Ah ! qu'ils sont lourds, et violents, dans les batailles,
les sabots dont l'Orgueil frappe les Nations !
Des champs qui n'ont mûri que tragiques moissons
monte l'ultimatum des morts sans funérailles :
« Jusques à quand, Seigneur, tardera la vengeance ? »
Les morts impatients clament la fin du monde ....

Dieu donne apaisement à leur désespérance
et ne retienne plus son orage qui gronde !
Les astres tomberont comme des fruits au vent.
Le soleil d'encre noire et la lune de sang,
épaves, flotteront dans l'obscur firmament.
L'effroi pourchassera les hommes aux cavernes :

les voleurs, les docteurs et les gens de bureau,

les riches et les rois, et tous ceux qu'ils gouvernent,

et les états-majors et tous ceux des casernes,

et les gens de la banque et tous ceux du barreau,

et les hommes d'église et tous ceux des tavernes,

tous fuiront devant toi, colère de l'Agneau.

LE VENT QUI PEIGNE...

Le vent qui peigne la fumée,
l'amour dont la chanson fut vaine
et le massacre des armées,
tant de vies, Père, tant de haines
qu'un peu de soleil évapore
ainsi qu'une brume d'aurore...
Ne sont-ils dignes de vos soins,
les pas des hommes éphémères
qu'un dur destin tient en son poing ?

Les nues accourent aux fontaines,
mais où va l'eau de la rivière
qui ne sut demeurer en mer ?
Où va le fleuve des armées
dont le flot roule de si loin
qu'il coule sans finir jamais ?

Le vent qui peigne la fumée,
ne fane-t-il aussi le foin ?

Aux soldats las, de vains combats,
Seigneur, et d'épuisants parcours,
accordez, avant le trépas,
de faire halte en votre Amour.

AVENT

*L*es mages qui lisaient dans le ciel de décembre,
tous les mages sont morts,
et des griffes d'acier, belle nuit, sur tes membres
font goutter un sang d'or.

Quel abri, hors nos cœurs, trouvera l'Enfant-Dieu ?
Sont-ils purs ? seront-ils la crèche calme et tiède
où l'espoir se réchauffe ? Il vente, il neige, un feu
vomi d'enfer brûle les morts et nous obsède.

Vous qui voyez, Seigneur, nos folies et nos peines,
aux âmes dévastées
que votre main d'enfant pour ce Noël amène
la colombe de paix !

NOËL 1943

A Mme Claude FRANCHET.

Noël vint au fracas des guerres
et l'Enfant nu git dans la crèche.
Qui de nous lui portera, frères,
une brassée de paille fraîche ?

L'âne est en route tout le jour
et traîne sa lourde charrette,
le bœuf roux sans repos laboure,
l'étable est vide où l'enfant tète.

N'est-il plus une chaude haleine
pour le petit ventre fragile,
ni brassière ou maillot de laine
dans les boutiques de la ville ?

La mère a faim, son lait tarit.
Fermière, n'as-tu des fromages,
quelques œufs, un gâteau de riz ?
Mais par où passeront les mages ?

Les champs sont couverts de batailles
et les cieux d'astres maléfiques.
Il n'est plus musette qui vaille,
bergers, dans cette nuit tragique.

Le torrent des foules damnées
gronde au fond de gorges sans nom
et déjà la nouvelle année,
honteuse, implore son pardon.

Au foyer sans bûche ni cendre
où ne chante plus le grillon,
les jouets n'osent plus descendre
pour le plaisir de l'Enfançon.

La messe du feu qui dansait
parmi les verrières de flamme
éteignit son divin ballet.
Il fait noir et froid dans les âmes.

Tremblante goutte d'espérance,

Noël, invincible Noël,

rends-nous le bonheur des enfances

et paix des anges dans le ciel !

TÉNÈBRES

Les foules si longtemps marchèrent par les plaines
que leurs pieds sont usés, leurs âmes et leurs dieux.
Le sang ne porte plus qu'amertume en leurs veines
et le poids de leurs cœurs s'ajoute au poids, des cieux.

Tout meurt. Les drapeaux las ont pourri sous les casques.
Dans l'ombre encor fumante et rouge des batailles,
les idoles vaincues cherchent de nouveaux masques.
Quelle aube, d'épées nues, crèvera l'horizon ?

A genoux, les devins ont fouillé les entrailles
et flagellé la nuit de cris et de brandons,
mais nul ne voit lever de promesses d'aurore,

nul ne sait quel chemin choisira l'avenir.

Tout meurt. Au fond des mers les voiles vont périr.

N'éclaterez-vous plus, clarté d'or du Thabor ?

LA PLAINTE DU VENT

A J. R. THOMÉ.

Les femmes, pieds nus, vont à leur misère.
Bercez leurs enfants, rafales d'effroi.
La mère est sans lait, le père à la guerre,
la bise de mort corne sur les toits.

Les hommes ont froid, les hommes ont faim.
La terre n'est plus qu'une immense plaie
où lape l'hiver, comme un loup, sans fin.
Sœurs de nos malheurs, âmes condamnées

qui pesez les maux, sur quelle balance
et de quel poids lourds ceux de notre temps ?
Jamais tant de morts ne firent si dense
par les nuits de sang la plainte du vent...

LE PRISONNIER

Quand la nuit vous enferme au fond des cathédrales,
dans une prison vide, et qu'il n'est sur les dalles
d'autre pas obsédant que celui des remords,
n'écoutez-vous, Très Haut, ce lourd sanglot des morts
dont les vagues sans fin battent l'éternité ?

Tout meurt. Une rumeur d'épouvante et de râles
assiège le rivage où vos pieds sont posés.
La vie est un chaland que des cadavres hâlent.
Vers quel port ? et pourquoi les funèbres marées ?
Les morts, qui n'ont plus peur, jettent leur cri vers vous,
prisonnier des nocturnes autels. Répondez !
Pourquoi les cœurs pourrissent-ils? Qui vous absoud ?
Sans mort, n'auriez-vous pu faire vivre le monde ?

— O mystère des nuits, des temples et des bois !
Dieu gardait le silence en l'abside profonde,
mais la lune éclaira le Pendu de la Croix.

PLEURS DIVINS

Le vent nocturne se lamente.
Clamera-t-il le deuil du monde ?
Sans fin, par d'invisibles sentes,
monte la mort, menant la ronde.

Fatigue, froid, faim carillonnent
aux oreilles des claquedents ;
les cris d'angoisses tourbillonnent
et se tourmentent les déments.

Par les champs nus mordent la terre
à pleines dents les morts des guerres.
Cornent le vent et la misère !

Les villes sont des incendies

où, calcinés, des enfants meurent.

Corne le vent, battent les pluies !

Cette goutte, sur mes paupières,

n'est-ce pas — enfin — Dieu qui pleure ?

LES MAINS DE SANG

Nos mains pleines de sang, d'orgueil et d'épouvante,
nos mains ont, par les nuits, semé telles semailles
que brûlèrent les morts dans les moissons ardentes
et leur cendre se mêle au chant des funérailles.

Nos mains, pleines de sang, d'orgueil et d'épouvante,
ont meurtri l'avenir au creux chaud des matrices,
et le jour, effrayé des monstres qu'il enfante,
le jour, ivre d'horreurs, se jette aux précipices.

Nos mains pleines de sang, oserons-nous les tendre
Quelle colombe y souillerait sa gorge blanche
et quel bonheur voudrait, banni du ciel, descendre
en ces nids dont le poids fit éclater les branches ?

L'AUBE AVARE

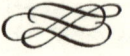

A Marcel LEBARBIER.

Nul à l'aube ne fait aumône.
Il n'est femme qu'un amant damne,
vagabonde ou roi qu'on détrône,
il n'est âme que mort condamne
qui ne l'apprenne de sa peine :
nul à l'aube ne fait aumône.

Vainement les plaintes se traînent,
et les amours et les remords :
cette heure n'a brisé les chaînes
qu'aux poignets qui déjà sont morts.
Allez vous recoucher, les filles :
nul à l'aube ne fait aumône.

Les prisonniers, hors de leurs grilles,
qu'attendent-ils du jour naissant ?
qu'au pied du mur on les fusille
et que les chiens lappent leur sang ?
La gueuse lèche ses babines :
nul à l'aube ne fait aumône.

Vous qui souffrites à matines
et dont les mains clouées rayonnent,
gardez, Seigneur, de nous maudire,
mais de Vous qu'on ne puisse dire :
nul à l'aube ne fait aumône.

TEMPS MAUDITS

Depuis des ans, les obus tombent,
pluie monotone.
Des enfants meurent sous les bombes :
Dieu nous pardonne !

Récolte amère de l'esprit,
les baies que nos pères cueillirent
au fond des greniers ont nourri
la faim mortelle des vampires.

Qui jeta les clefs de la guerre
à la folie ?
Qui sema les hommes en terre
et les oublie ?

Le diable seul compte les morts
abandonnés sans sépulture,
tous les morts qu'une malemort
livre sans nom aux pourritures.

Des orages de sang éclatent
aux tendres nuits
et la terre a plus de stigmates
qu'il n'est de fruits.

Jamais aux mers ne fut jeté
si pesant repas de cadavres.
Ceux que les fleuves ont porté
se perdront-ils, sans port ni hâvre ?

LE VOL NOIR

A Jean BOULLÉ.

Autour de la tour les corneilles craillent.
Ne vous souvient-il, o morts, des batailles ?
La terre avait faim, le ciel était sombre,
les villes soudain devinrent décombres.

Qu'avons-nous fait de la moisson du monde ?
Trop de remords dans nos mémoires grondent,
trop de vols noirs planent sur les défaites.

Qu'avons-nous fait de nos fleuves en fêtes ?
des plages d'or et des nuits sans rivage ?
qu'avons-nous fait de nos calmes villages,
du pain, du miel et des ruisseaux de lait ?
Mais de nous-mêmes ! qu'avons-nous fait ?

LA MER

A Pierre BÉARN.

Par la guerre enfantés du ventre des navires,
les cadavres en vain tombent dans les abîmes.
En vain, fleuves errants, toujours grossis, nos crimes
mêlent un limon rouge au flux qui te déchire.
Telle est, immensément, ta farouche amertume
que nul ne te pollue, o pure, chaste mer.

Pourquoi baigner nos cœurs de ta sauvage écume,
usant comme un galet ce mal où je me perds ?
Déferle sur nos jours, et d'un raz de marée
formidable, tes vagues hurlant de colère,
purifie la terre de l'homme — à tout jamais !

LE VENT SOUS LA LUNE

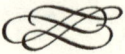

Le vent, sous la lune, court
et les morts aux dents de givre
ne savent plus quel amour
tantôt leur permit de vivre.

Qui t'essouffla, vent des nuits ?
Court mon désir, court ma peine
et mon bonheur qui s'enfuit
avec la bise des plaines...

Les morts sont vite arrivés.
Dieu sait quel froid les emporte
et quel espoir j'ai trouvé
qui grelottait à la porte

hélas ! close de ma chambre ?
L'hiver, sous les crocs du gel,
craque ; sur les plaies décembre
sème des cristaux de sel.

Comme les loups sur la neige
galopent les vents maudits
et seul, immobile, n'ai-je
près du feu que mes soucis ?

L'ASSASSIN DES JOURS

Quel rêve suspendit sa noire chevauchée ?
    Tout dort. Silence. Une lune, complice, luit.
Où sont les morts ? seul, dans l'horloge mal timbrée,
le temps, à dents de souris, grignote la nuit.

Je me réveille brusque, et tel qu'un assassin
devant ce grand corps nu du monde sans défense.
Ah ! que n'ai-je des mains d'étrangleur du destin,
ces mains, du vieux forçat la suprême espérance !

Demain n'est qu'un fœtus au ventre des ténèbres.
Toi qui sais le secret des feuilles de l'armoise,
ne vas-tu le guider vers les fleuves funèbres,
ce demain que le crime avant l'aube apprivoise ?

LES MORTS SUR LA NEIGE

A Jean-Paul VAILLANT.

Les morts, là-bas, mordent la neige.
Leur sang coule et coud des filets
aux capotés vertes ou beiges.
La camarde a soin des blessés,
seule, la nuit, à leur parler.

Vous qui pendîtes sur la croix,
doux confident des agonies,
voyez les soldats que le froid,
sous la fumée des incendies,
saisit dans leurs poses raidies.

Ah ! nos cœurs d'horreur en horreur
se sont usés comme galets,

mais Vous, notre secours, Seigneur,
Vous le Maître crucifié,
n'aurez-vous encore pitié

de cette race qui fut vôtre ?
Vous avez eu visage d'homme
et vos disciples, vos apôtres,
étaient des gens comme nous sommes,
de pauvres gens, lâches en somme.

La foule eut toujours sa folie
qui la mène aux champs de misère,
— pleure le vent, tombe la pluie,
et creusent des trous dans la terre
ceux dont la vie est si précaire !

Voyez les mourants sur la neige
qu'abandonne leur propre horde,
ils sont comme loups pris au piège
ou comme cerf que les chiens mordent :
accordez-leur miséricorde !

LE TEMPS DE L'ESPERANCE.

Quelle main, dans l'abus des sabbats et des danses,
quelle main déchaîna les monstres ? Pourpre honte !
La terre en qui les morts mettaient leur confiance,
notre terre n'est plus qu'un repaire où s'affrontent
les peurs et la mort explosive... Tant de griffes
lacérèrent de feu la tendre chair des nuits !
Métalliques vautours, vampires, hypogriffes,
le ciel vrombit du vol des archanges maudits.
Malheur à qui s'endort aux voluptés des villes,
aux femmes dont le fruit dans le ventre tressaille !
Malheur parmi la foule aux prophètes serviles
qui mènent, fous d'orgueil, les peuples aux batailles !
Malheur aux nations que des serres déchirent !
Malheur à tous ! Les cieux croulent, la mer s'entrouvre
et le sol, soulevé d'un infernal délire,
crève. Une pluie d'ardentes laves nous recouvre...

. . .

Les mondes pèsent lourd sur les marées humaines,
trop de sang a giclé sous le sabot des astres.
Qui saura déchiffrer dans les rouges fontaines
le signe précurseur des suprêmes désastres ?
Les poings crucifiés aux étoiles fatales,
ma race écartelée tombe dans les abîmes.
Est-ce le temps, Seigneur des peines capitales,
le temps du châtiment et la moisson des crimes ?

Est-ce le temps prédit, Seigneur, de l'Espérance ?

DÉSESPOIR

A Charles VILDRAC.

Le rouge-gorge, solitaire,
se tait sur la neige du clos.
Le grain qui pourrit dans la terre
lèvera-t-il ? ou les corbeaux...

Mon sang pèse, mes jours sont noirs,
l'hiver m'a pris et m'a lié,
je cède sous le désespoir
et ne sais plus même prier.

Dieu se cache dans un ciel lourd
empli d'une étoupe étouffante.
Les cris sont vains, le monde est sourd
et la misère seule enfante.

Je suis une terre sans sève,

une chose qu'on abandonne.

La mort ne fera-t-elle trêve ?

N'est-il plus de main qui pardonne ?

Rouge-gorge, cette étincelle

qui te permet de vivre encore,

o solitaire, d'où vient-elle,

quand les matins n'ont plus d'aurore ?

POÈMES DE LA PRISON

Ces poèmes furent composés à la prison allemande de Reims en mars, avril et mai 1944, les quatorze premiers dans une cellule de condamné à mort.

> « Dedens la maison de Douleur
> où estoit tres piteuse dance... »
> — CHARLES D'ORLÉANS.

PREMIERE AUBE

En souvenir de VERLAINE.

Ma cellule est blanche.
Les pas, à l'entour,
comme ils pèsent lourd !
Pas la moindre branche
ni de chants d'oiseaux,
mais un ciel tout gris
et qui semble pris
entre mes barreaux.

Mon Dieu, qu'ai-je fait ?
Tristes mots d'Amour
que nul dans la cour
ne veut écouter !
L'aube a goût de sang.

Ah ! désespérance
en cette navrance
d'un cœur impuissant !

Tendez-moi vos mains
pour m'aider, Seigneur,
à porter la peur
de mes lendemains !

11 mars 1944.

BRUITS

Vous par qui, seuls encor, je participe au monde,
ne vous éteignez point, rumeurs, bruits secourables :
commandements, pas de geôliers et voix qui grondent,
ou, plus légers, des chocs au sol ou sur la table,
un sifflement, même parfois une chanson.
Vous êtes un écho de la vie, qui me vient,
une écume qui meurt aux murs de ma prison,
et sans vous, bulles d'air, vains bruits, je n'ai plus rien.

LE COMPAGNON

Ce n'est pas ici la Maison
          hélas ! Seigneur, de notre Père
et ces murs froids, murs de prison,
demeurent sourds à la prière.
Tant de maux pourtant les assaillent
tant de malheurs, tant de tourments,
que, malgré ces tristes murailles,
Vous devez y venir souvent !

Me voyez-vous, dans ma cellule,
traînant, au long de lentes heures,
des soucis qui ne capitulent
et, malgré tout, quelque bonheur ?
Vous êtes le seul, Fils de Dieu,
avec qui je puisse parler,
toute ma lumière, et le feu

qui réchauffe mon sang gelé.

Prenez pitié, doux compagnon !
J'ai faim, j'ai froid et je suis seul.
Au vasistas de ma prison
votre ciel a l'air d'un linceul.
L'ombre même en ces murs se meurt,
votre nuit n'a plus de visage.
Visitez-moi, pour que mon cœur
retrouve un peu de son courage !

LA VOISINE

A l'Inconnue.

Ma voisine d'au dessus tourne,
tourne dans sa cage,
et je ne sais rien de plus
que l'écho de son passage.

Elle a des sabots de bois,
comme Jeanne la Lorraine.
Mais le timbre de sa voix
qui l'entend ? paroles vaines !

Pourtant au bord de mon rêve
soudain quelle primevère ?
Quand la bise n'a fait trêve
d'où vient que mon cœur espère ?

Un pas de femme en prison,

c'est encore une caresse,

du soleil sur la maison,

un refuge en ma détresse.

LE BRIN DE SENEÇON

Dans la cour de la prison,
    grêle, au pied du mur,
pousse un brin de seneçon,
malgré le sol dur,
l'ombre, les pas, les cailloux.
De quoi me plaindrais-je ?
Son courage vint à bout
du froid, de la neige.
Toute heure a sa floraison,
pourvu que Dieu veuille !
J'écoute, bas, la chanson
de mon cœur en deuil.

LA SOUPE

Bonne soupe de midi,
    soupe chaude, mon attente,
comme s'en vont les soucis
à ton haleine fumante !

Tout mon corps se chauffe à toi,
genoux, mains, poitrine, ventre,
et mon âme par surcroît
dont la joie sera ton chantre.

N'es-tu pas chaleur humaine,
aide et secours amical
en cette maison de peine,
soupe, mon humble régal ?

AMITIÉ

Aux amies qui me secoururent.

Colombe dont le vol, aux ailes de lumière
    et pareil à l'Esprit, traverse les cloisons,
tu m'apportas le miel en ces heures amères,
Amitié qui descends au noir de ma prison.

En vain pèsent sur moi d'épais murs de silence,
en vain trop de geôliers et de soucis m'enchaînent :
je sens planer sur mon effroi ta vigilance
et ton soutien, douce amitié, présence humaine.

LA FOSSE

Le ciel est gris, toujours, toujours,
    sans même courbe de nuage ;
le ciel est couleur de mes jours
au fond du morne paysage.

Où sont-ils enfuis les rameaux
et l'appel aigu des mésanges ?
Je ne vois que murs et barreaux,
je n'entends que des cris étranges.

Une main rude m'a noyé
dans une fosse de pénombre.
Le soleil est-il prisonnier,
    qu'il fait si froid, qu'il fait si sombre ?

LES BONS SERVITEURS

Vous m'avez rejoint, choses familières,
    vous êtes venues jusqu'en ma prison
me servir encor. La tendre lumière
qui filtre de vous et de ma maison !
Ah ! peu ne s'en faut que le cœur me faille
à vous retrouver, tant la voix m'est douce
qui vient de chez moi ! Sur la triste paille,
dans cette cellule où tout me repousse,
vous, bons serviteurs, vous m'êtes fidèles,
honnêtes objets, propres, sans souillure,
et qui m'apportez, comme une parcelle
du bonheur d'hier, votre amitié pure.

APRÈS LA SOUPE

Le pain fut amer,
   mais la soupe est bonne.
Le temps que je perds,
Dieu me le pardonne !
Sur une paillasse,
ah ! l'heureuse chose
pour une âme lasse
qu'un rêve de roses !
Mon lit de crapule
a visite d'anges,
et, dans ma cellule,
quel étroit mélange
du mal et du bien !
Pourrai-je choisir
parmi ces liens ?
Et tant de loisirs,

enfin, qu'en ferai-je ?

Fondront-ils au jour

comme fond la neige,

comme fond l'amour ?

L'Esprit partout vole,

même en la prison :

vienne et me console

la belle saison !

LIBÉRATION

Comme l'air sera pur et douce la lumière,
    quand s'ouvriront, enfin, les portes longtemps closes !
Dieu fraternel, et tel qu'en l'aurore première,
Dieu me présentera la terre fraîche éclose.

Alors, bénis ceux-là qui m'ont fait cette geôle
et jusqu'aux murs glacés de l'étroite prison !
Tes ailes, liberté, seront à mes épaules,
et j'irai dans la joie, l'amour et le pardon.

SOUVENIR

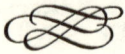

Ange au nimbe, dans ma prison
tu me visites, souvenir.
Ton sourire est la floraison
des nuits de rêve, ou du loisir.
Qui te dit mon sort et ma peine ?
Qui t'évoqua des anciens jours ?
Veillais-tu dans l'ombre des veines
où chante encore mon amour ?

Souvenir, souvenir ! retraite
en ces carêmes angoissants,
o ma douceur la plus secrète
qui mêles ton charme à mon sang !

CONDAMNÉS

Nous qui tournons toujours, l'écureuil dans sa cage
et moi dans ma cellule, au soir, quelle farine
offrirons-nous aux dieux ? Mais sont-elles plus sages,
les étoiles, la terre et les vagues marines ?

Au calme du jardin, la rose en son plaisir
paraît seule immobile. Ses pétales tombent
pourtant, soudain si lourds de mort et de désir.
Où te trouver, repos, si tu n'es dans la tombe ?

RAIS DE SOLEIL

Le soleil, dans ma cellule,
joue avec une poussière
et mon âme, libellule,
danse claire en la lumière.
Il glisse, entre mes barreaux,
quelques gouttes de bonheur,
comme en goûtent les oiseaux
qui sont en cage. La peur
a disparu, dans un trou.
Le printemps rit aux fenêtres.
Je devine un ciel plus doux
au trouble doux de mon être,
et sur l'échelle de soie
le rêve a repris son jeu.
Par mon guichet, le bon Dieu
tend une portion de joie.

LES COPAINS

A mes codétenus.

Nous sommes venus des quatre horizons
et, tout à coup, nous voilà camarades,
de par la grâce, hélas ! d'une prison.
Dépouillement des titres et des grades,
des biens et du savoir : nous sommes nus,
des hommes, tels que Dieu nous fit, ou presque,
et Seul Il sait d'où nos maux sont venus,
et Seul combien de mois nous serons là.
Pourquoi ? devoir ou crimes ? Une fresque
de gens maudits. Nous aurons même plat,
même fade café, même cellule.
Comme nous liés de même misère,
quand pareils soucis sous leurs fronts pullulent,
sont-ils bons copains, les damnés d'enfer ?

LA LIBÉRATRICE

L'heure sonne dans la nuit pure,
où nulle voix, nul bruit ne vibre.
Quelle main renversa les murs ?
A mon âme de nouveau libre,
les oiseaux calmes du silence
ont apporté le pain des rêves,
et leur vol enivrant s'élance
aux plus obscures de mes grèves.
Hier essaime dans les songes :
roses des nuits, belles du jour,
il n'est plus de peine qui ronge
le cœur où chantent ses amours.

LE CRI-CRI

Dans ma cellule, un cri-cri
    chante, la nuit,
et dans mon cœur chante
aussi, à petit bruit,
l'espoir de sortir d'ici.

L'ANGE SUR LES TOITS

Au long des jours longs je m'ennuie.
Les sentinelles qui nous guettent
longent les murs couleur de pluie,
chacune au poing sa mitraillette.

Le temps, comme elles, monotone,
traîne ma peine et son ennui,
tandis qu'allongé je chantonne
des chants de pâtre dans la nuit.

Du clocher gris que j'entrevois,
un ange vole sur les toits.
Mon âme aussi parfois s'envole,
pétale au vent ou luciole.

Par l'échappée de la fenêtre,

si, curieux, l'ange se penche,

ne va-t-il pas la reconnaître,

mon âme dans la prison blanche ?

FÊTE DES SOUVENIRS

A Julien CAIN.

Lents, mornes jours... Qu'il soit donc fête en ma mémoire !
Les souvenirs feront des batailles de fleurs
et des soleils couchants prolongeront leurs gloires
sur les murs assombris de peur et de langueur.

Plus heureux que les rois d'antiques caravanes,
je porte en moi mes palais d'or et de porphyre.
Au parvis de mon cœur dansent mes courtisanes,
et, plus secret encor, fleurit un pur sourire.

Roses des nuits, o présences des morts fidèles,
vos pétales pourprés qu'une main d'ombre cueille
embaumeront le rêve où se plaisent mes ailes
avant que, dans le vent, l'hiver ne vous effeuille.

Qu'on me lie ! Je ferai dans mes songes moisson,

car les clefs n'ouvrent pas les greniers où s'entassent

mes trésors. Et mon âme, en leurs amas profond,

mon âme de puiser ne sera jamais lasse.

RYTHME

*R*are floraison
de ces heures ternes,
rythme, tu gouvernes
même les prisons.
La rude musique
des pas et des cris,
et quelle harmonique
à tous nos soucis !
Tant d'hommes qui tournent
sans cesse ni trêve,
de peurs qui retournent
agiter leurs rêves !
Ah ! les mornes jours
des mornes saisons
tournant à l'entour

de notre prison,

qui donc les promène

et quel fouet les chasse,

les porteurs de peines,

sans fin, sur leurs traces ?

LA RADE

A Claude BELLANGER.

Mes bonheurs d'antan, où sont-ils enfuis ?
Qui les a chassés ? le vent ? le tonnerre ?
Je descends, lié, vers la pire nuit,
oubliant déjà qui je fus naguère.
Mes plaisirs sont faits d'une soupe chaude,
d'un somme, à l'étroit dans mes couvertures.
J'écoute les pas des geôliers qui rôdent :
leurs cris, dans la cour, sont mes aventures,
et les cris sont durs et les pas sont lourds.
Il n'est plus de terre, il n'est rien que murs.
Aux pleurs des prisons le ciel reste sourd,
le ciel dont je vole un lambeau d'azur.
Quatre pas en large et trois pas en long :
sous le même joug les trois camarades,

du matin au soir, sans fin, nous allons...

N'atteindrons-nous donc, jamais, une rade ?

LES PÂQUERETTES

A Mme France HENRI DRUART.

Fleuries aux doigts de l'amitié,
en ma prison des pâquerettes,
— ah ! la cueille au bord du sentier ! —
à claires dents disent : « Poète,

Pâques bientôt ! Tout arbre espère,
comme un dieu la résurrection.
C'est le miracle de la terre,
âmes et fleurs en floraison. »

Serai-je seul sans espérance ?
Seul à n'attendre plus des jours
que plus d'ennui et de souffrance ?
serai-je seul, et sans recours ?

Bénie la main qui vous envoie,

pâquerettes du renouveau,

par qui filtre un rayon de joie

entre les murs de mon tombeau.

LES AMOURS DES AUTRES

A Paul FORT,
qui intervint pour ma libération.

Chantez, les amours des autres !
Le printemps rit dans la cour,
mais celles qui furent nôtres,
où sont-elles ? Ce beau jour
n'est ivresse qu'aux moineaux.
Libres, libres épousailles !
L'allégresse des chêneaux
brille en l'or d'un brin de paille.

Vous fîtes mon nid, Seigneur,
au creux de cette prison,
mais la peur et le malheur
ont de sombres couvaisons.
Tant de sèves prisonnières

qui seront fleurs et feuillages,
tant de grâces printanières
qui vont éclore aux visages...

Chantez, les amours des autres !
Jésus marche vers la Cène
dans la joie de ses apôtres
mais, captive de ses peines,
mon âme à se lamenter,
plus seule qu'aux pluies d'hiver,
mon âme au sort démâté
vogue-t-elle vers l'enfer ?

Rameaux 1944.

VENDREDI-SAINT

*L*es cloches sont à Rome
et l'amour en exil.
Jésus est mort. Aux hommes
liés, que reste-t-il ?

J'ai tendu mon visage
au vent des sept douleurs,
ses griffes au passage
me griffèrent le cœur.

Tourne, Semaine sainte,
de ton pas sourd autour
des murs de mon enceinte.
Il n'est fleur en la cour

ni soleil au ciel gris,

sale comme un vieux drap,

et la prison m'a pris.

Tourne : Pâques viendra.

PÂQUES

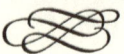

Au-dehors, Pâques carillonnent.
Tant de fleurs sortent du tombeau !
mais quelle cloche, pour nous, sonne ?
Notre pain noir est trempé d'eau,
le pain qui portait la promesse.
Pas de lumière en cette nuit.

Nos geôliers célébrant la messe
de la menace et de l'ennui,
notre unique communion
fut de soucis. Dans la cour basse,
nos pas n'iront pas même en rond,
mais, tout le jour, nos lits nous lassent.

Les œufs rouges que la Croix-Rouge
avec du sel nous envoya

aux cœurs plus tristes que des bouges

rappellent, seuls, l'Alleluia.

Le ciel, la vie, tout l'univers,

tient au carré de la fenêtre.

Seigneur qui volez par les airs,

n'allez-vous pas nous apparaître ?

L'ARBRE D'HIVER

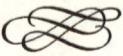

Me voici dépouillé comme un arbre d'hiver
où, seuls, quelques corbeaux se perchent. Dans les branches
un vent glacé, venu des plus farouches mers,
gémit. Le vieux tronc craque et, demi-mort, il penche.
Là-haut, pourtant, là-haut, des fenêtres du ciel,
la vie s'envole avec un gazouillis d'oiseau.
Cachée, la terre exhale une haleine de miel.
Qui pourrait te voler, mon cœur, le renouveau ?

LE VENT

L'appel dont le volier tourmente
    la grue dans le jardin captive,
ne l'entendis-je de la rive
au plus brutal de la tourmente ?...

Le vent, qui cherche l'aventure,
donne l'assaut à la prison.
Tombera-t-elle, la cloison
de nos maux et de nos murmures ?

Il cogne à grands coups de bélier,
le gars des océans sauvages,
et vers ses hurlements de rage
se tendent tous les poings liés.

Amant farouche de l'espace,
rôdeur éternellement libre,
comme un cœur de prisonnier vibre
à tes révoltes, quand tu passes !

LÀ-BAS

Haut dans le ciel, les hirondelles sont venues.
Le vent m'apporte un blanc pétale de prunier.
Là-bas, au delà des murs sévères, mi-nues,
les jeunes femmes ont leur regard printanier.

Là-bas, dans mon jardin, fleurissent les jonquilles
et, tandis qu'aux bourgeons les mésanges becquettent,
Mozart ou Debussy jouent aux doigts de ma fille.
Là-bas... Mais tout « là-bas » n'est-il en toi, poète ?

LE MATIN

L'angelus sonne. Dimanche.
L'arbre est rose dans l'aurore.
Gais, légers, entre les branches,
volètent des oiseaux d'or.
Echappé des bois, l'air libre
glisse nu par ma fenêtre,
tandis qu'en mon esprit vibrent
des regrets d'aubes champêtres.
O matin fidèle et pur
qui m'apporte en ses mains fraîches
plus de cadeaux en ces murs,
que les Mages à la crèche !
Déjà le merle module
et du ciel qui devient bleu
descend jusqu'en ma cellule
comme un baiser du bon Dieu.

LA LUNE

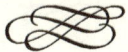

Lune qui mènes sans arrêt
   ta ronde blonde sur la terre
par le gel ou le vent mauvais,
n'es-tu pas, lune, prisonnière ?

J'écoute, seul, dans le silence,
tes pas nus qui ne font de bruit
qu'au fond des rêves. La Balance
pèse les pommes de la nuit.

Mes portes s'ouvriront un jour,
mais quel geôlier sourd à la peine,
dans le ciel noir et pour toujours,
de son poing dur, lune, t'enchaîne ?

LE FUSILLÉ

A Mlle Elsa BARAINE.

Qu'avais-tu fait, mon camarade ?
Comme un lièvre, en ce matin gris,
tu roulas sous la fusillade ;
ton sang coula, vite tari.

Que les chiens lèchent les pavés !
Que la pluie batte les vieux murs !
Les siècles ne sauraient laver
sur la main cette tache impure.

Les innocents, les morts sans bière,
clament vengeance à l'Eternel.
Dieu s'arme et souffle la colère :
tendez vos gorges, criminels !

LE PAIN-D'AMERTUME

A Georges DUHAMEL.

Vous m'avez donné le pain noir et l'eau,
quatre murs, Seigneur, et l'inquiétude.
Vous m'avez donné, triste matelot,
de quitter la terre et mes habitudes.

Le mal a frappé mon front de sa fronde
et je suis tombé parmi les maudits,
si bien dépouillé des biens de ce monde
que je n'ai plus même un visage ami.

Père, bénissez le pain d'amertume,
qu'il soit à mon cœur un aliment pur,
et, comme un beau jour qui naît de la brume,
que ma vie s'élève à vos pieds d'azur !

LES TRAINS

Rumeurs des trains, dans la nuit.
Départs. Vers quels horizons ?
La mort est l'acide fruit
que mûrit cette saison.
Il n'est plus aux mers de plages
où n'atterrissent les maux.
Il n'est plus que peine et rage
sur la ville et les hameaux.
Tous les trains mènent aux guerres...

Quand donc partiront-ils pour
ce beau Royaume du Père
où la colère est Amour ?

LA FOIRE LOINTAINE

Une musique vient d'une foire lointaine.
 Là-bas, sur des cochons, tournent de jeunes femmes,
et moi, déjà vieilli, je tourne avec mes peines
dans ce manège étroit qu'on appelle mon âme.

Ne sortirai-je, un jour, de ces pensées moroses ?
j'écoute ; mort geôlière, un approche de pas,
cependant qu'au jardin se préparent les roses
et que des amants fols rêvent de leurs combats.

C'est la fête à la foule et c'est mon deuil encore.
Mon être, en vain, se tend vers les bourgeons d'avril :
dans ces murs il n'est plus de rayon qui me dore
et l'aurore elle-même apporte ses périls.

Seigneur, ai-je mangé toute ma part de joie ?

suis-je un arbre si vieux qu'il ne porte plus fruit ?

une chose inutile et qu'entraîne son poids ?

Seigneur, m'emportez-vous à l'éternelle nuit ?

OMBRES

Sur les murs nus de ma cellule
défilent reines en hennins,
prélats et, ronde ridicule,
des fées que lutinent des nains.
Les siècles mènent leur cortège
au gré de l'ombre et du hasard,
mais, à les suivre, pourquoi n'ai-je
que lassitude en mon regard ?
Hélas ! vous me voyez, Seigneur,
dépouillé comme ce pendu
qui danse dans une lueur
sur le ciment demi-fendu.
Les jours passent, vaille que vaille,
mais quelle ombre fera ma peau,
un matin blanc, sur la muraille
où la guette la Gestapo ?

Par quels noirs chemins je m'en vais
et vers quel but, nuit ou lumière,
le Père et Vous, seuls, le savez,
et si mes os iront en bière.
Mes pensées tournent comme moi
au fond de ma cour sans soleil.
Seigneur, augmentez une foi
qui toujours retombe en sommeil !

LA DAME DE CŒUR

*L*es jours sont amers,
plus lentes les heures.
Belotte et poker :
la dame de cœur
m'a tendu sa rose.
Quel joueur ne perd
en ces murs moroses ?
Eternel hiver,
sans fleurs ni feuillages !
Au long des journées,
le morne visage
qu'ont les destinées !
De mauvaises chances
nous firent capos,
et tel, qui n'y pense,
a perdu sa peau.

GALÈRES

Solitaire étoile, entre mes barreaux
  tu fuis, mais le ciel toujours t'emprisonne :
ta course revient aux mêmes verseaux.

Malgré la tempête, il est monotone,
le chemin sans fin que suit l'univers.
A chacun des pas nos chaînes résonnent.

Hommes et soleils, rameurs de galères !

HOSTILITÉS

Je partirai, — Dieu sait vers quoi,
　　　et qui m'attend, l'amour ? la mort ?
ou combien de tristes émois
la guerre me réserve encore !

Je partirai. Regretterai-je,
un jour, le temps de ma prison ?
Ma peine pèse, rien n'allège
un poids qu'alourdit la saison.

Mon âme en vain à ces murs lisses
quête une marque d'amitié,
sur leur glacis tout appel glisse
même les murs sont des geôliers.

Lit de fer noir, paillasse dure,
lavabo qui sent l'urinoir,
porte à judas, tinette, ordures,
où la pitié du désespoir ?

Tout est de fer ou de ciment,
tout est de gel, les choses n'aiment.
Oh ! les tableaux qui, tendrement,
semblaient se pencher vers moi-même !

DÉPARTS

𝒜u-dehors, pluie et tempête.
Le vent
fera-t-il sécher aux têtes
le sang ?
L'aube à peine mord la nuit.
J'écoute :
sourds, des pas ; ceux que conduit
sans doute
un geôlier jusqu'à leur terme.
La porte
sur eux claque et se referme,
de sorte
que nous ne saurons jamais
quel fut,
de la mort ou de la paix,
leur but.

MATINS

De quelle splendeur cachée
    me reflétez-vous la flamme,
matins purs, qui vous penchez
par l'imposte vers mon âme ?

Vous portez entre vos bras
tant de cornes d'abondance
que mon cœur n'est jamais las
de goûter à l'espérance.

A la cime de l'érable
s'ouvrent des bourgeons dorés.
Matins purs, o pitoyables !
mirage des emmurés...

L'ARCHE

La mort rôde, Seigneur, comme un loup dans les bois.
Nous respirons l'écœurement de son haleine
partout, la chair a peur et l'âme est aux abois.

Le ciel même, où le Père étendait son domaine
de calme amour, le ciel est un buisson ardent.
Les peuples, affolés, fuient au hasard des plaines.

Et moi, dans ma prison, plus que tous impuissant,
je tends vers Vous des mains qui voudraient protéger.
Combien de sang, la nuit, tout bas, coule, innocent !

S'ils errent, dents serrées, sous un ciel toujours sourd,
ceux que j'aime, s'ils ont loin de moi naufragé,
abritez-les, Seigneur, arche des mauvais jours !

NUAGES

*P*ar l'imposte passe la ronde
        des cumulus. Mes souvenirs
avec eux voguent par le monde,
— plus que mes songes d'avenir !

Il est des croupes de lumière,
    des ventres d'ombre et de tempête.

Où s'envolèrent les chimères
qui portaient par les cieux en fête
mon amour, candide nuage
aux griffes du vent printanier ?

Je cherche en vain sur mon visage
trace, bonheur, de ton baiser.

Mes jours s'enfuient loin de ma vue

et je ne puis même savoir

si le beau temps est dans la nue

qui survole mon désespoir.

FIAT VOLONTAS TUA

Le pain qu'on n'ose mendier,
Seigneur, vous me l'avez offert,
et j'implorai votre pitié,
tant à ma bouche il est amer !

Vous restâtes sourd, je compris
que vous m'aimiez mieux que moi-même.
A mon sommeil vous m'avez pris
et l'aube sur les murs est blême,
le froid me mord, combien de bruits
autour de moi parlent de mort !

Ne saurai-je bientôt quels fruits
ma paume peut cueillir encore ?
Ou si de funèbres oiseaux
emporteront dans l'éternel

oubli, quelque matin, mes os
et ce cœur éclaté du gel ?

Ma vie, Seigneur, est en vos mains
qui furent trouées sur la croix :
je suivrai le rude chemin
s'il est celui de votre choix.

SURSUM !

Reclus, muré vivant, je n'ai d'autre échappée
entre les barreaux, sur les toits, qu'un pan des cieux.
Bénies donc ma cellule et cette destinée
qui me forcent, pour voir, à lever haut les yeux !

Comme un géranium qu'attire la lumière,
mon âme montera d'elle-même vers Dieu.
Mes seuls agneaux seront l'amour et la prière,
et je les mènerai paître dans les prés bleus.

TOUT LE CIEL

Tout le ciel est là,
    de l'autre côté des barreaux de fer ;
tout le ciel s'en va,
    libre cavalier vers les libres mers.

Morose reclus,
    parmi les bourreaux, la peur, les punaises,
souffrirai-je plus
    que les trois enfants clos dans la fournaise ?

O cantique pur
    de leur voix qui monte en un clair nuage
rose dans l'azur !
    L'oiseau chante aussi que l'on mit en cage...

Rimeur ou poète,

ne composerai-je, en cette prison,

une chanson faite

du choc de ma peine et de la saison ?

LA REINE CAPTIVE

Les moineaux vont à leurs amours,
le cours des miennes est passé,
mais, hors du temps, règne toujours
la reine au sourire blessé.

Elle est captive en ma prison,
ma violette, mon bonheur,
et de l'intime floraison
se parfument ces lentes heures.

Les bourgeons roses de l'aurore
ont moins de promesses encloses
que dans la nuit qui me dévore
une fleur de lèvres mi-closes.

NAUFRAGÉ

A François MAURIAC.

Est-ce vous qui m'avez, Seigneur,
de vos douces mains, dépouillé ?
Des candeurs calmes du bonheur
il ne reste, en ces jours brouillés,
que le deuil au fond de moi-même.
Quelle tempête, sur les mers,
dispersa les ombres que j'aime ?
Mes plaies brûlées d'un sel amer,
je suis nu comme un naufragé
qui n'a que son cœur et sa peine,
nu comme un arbre du verger
que l'hiver mordit jusqu'aux veines.
Où sont mes livres et mon chat ?
où les présences bien-aimées,

la joie des rues qui me cacha

la course brève des années ?

Tout a fui. Les plus pauvres gueux,

du moins ont-ils leur part de vent !

Si je vous demande autant qu'eux,

voyez mon âme et son tourment.

Donnez-lui force, liberté,

ou, s'il le faut, la patience

d'un oiseleur et le secret

d'apprivoiser cette souffrance.

LA JACINTHE

A ma fille.

Dans ma cellule, une jacinthe,
don de ma fille.
Venue d'un monde hors d'atteinte,
quel espoir brille
à ses pétales de satin,
et que dit-elle ?
Liberté d'un proche matin ?
Parfum, dentelle,
quand tu t'épanouis en pot,
qui pourrait geindre,
même au profond de ce tombeau ?
Quelle mort craindre ?
Je veille à ta soif et j'oublie,
quelques instants,

les liens sombres qui me lient.

Puisque le temps

bat ces murs de vent et d'orage,

donne à mon cœur

craintif ton radieux courage,

captive en fleurs.

LE VIVIER

Quand l'aube sur mes yeux posera ses mains fraîches,
songes, ne quittez pas mon âme qui s'éveille,
mais qu'en elle, vivier de ma nocturne pêche,
brille parfois l'éclat des écailles vermeilles.

Reclus au fond de moi, bien mieux qu'en ma cellule !
j'évoquerai l'enchantement, sous mes paupières,
de vos fuyants bonheurs qui traverseront, bulles,
mon quotidien ennui de perles de lumières.

PRIÈRE POUR LA LIBERTÉ

Ciel en fête du printemps,
    joie aiguë des hirondelles,
galop des nuages blancs
par les prairies éternelles,

vous effleurez les épaules
des passants au cœur léger,
mais, emmuré dans ma geôle,
tout chant d'oiseau m'est regret.

Je vieillis. Le chœur des ans
ne couronnera plus guère
un front dont les cheveux blancs
seront bientôt la lumière.

O vous qui savez, Seigneur,
combien j'aimai de mes yeux
et du profond de mon cœur
les pétales de vos cieux

ne m'ouvrirez-vous la porte
de la rue et des champs verts ?
Dites un mot, que je sorte
boire la paix du soir clair !

LE RETOUR À L'AZUR

Vaste ciel, plus profond que les profondes mers,
si pur et si léger qu'il ne pèse aux feuillages,
hymne infini, pâmé de soleils et d'éther,
je te retrouve, azur, et t'offre mon visage.

Ah ! baigner ma poitrine aux océans d'aurore,
plonger dans le chant clair du merle — chers frissons !
puis, tel un printemps neuf dont les bourgeons se dorent,
m'enivrer de fleurir, corbeilles et buissons !

Je fus le grain qu'on jette aux prisons de la terre
et qui pourrit, obscur, sous la neige et le vent.
Seigneur, vous m'avez fait renaître à la lumière :
mêlez mes épis mûrs à votre pain vivant.

POÈMES DE L'EXIL

Mis en liberté surveillée comme ancien gazé de la guerre précédente, puis traqué de nouveau par la Gestapo, l'auteur dut se terrer de juin à fin août 1944 en des villages.

« *Elongavi fugiens et mansi in solitudine* »
— (PSAUME LV)

« *En mon païs suis en terre loingtaine.* »
— FRANÇOIS VILLON.

LE GIBIER

Pour Yves GANDON.

Tant de maux, Seigneur, et Vous seul
pour nous servir de bouclier !
La guerre a tissé des linceuls
avec les malheurs oubliés.

De tous les côtés nous assiègent,
depuis des mois, depuis des ans,
meutes, veneurs et tant de pièges !
Tous les sentiers sentent le sang.

Quel mal fit la biche aux abois
et quel mon âme ? Le chasseur
nous guette dès l'orée du bois,
fol gibier que traque la peur.

Berger divin, si votre Amour
du sort mauvais ne me délivre,
donnez-moi force en mes séjours
et le cœur, quand même, de vivre !

LE FUGITIF

Devant Hérode, en Egypte et par les déserts,
  Vous avez fui, Seigneur, et Vous qui n'eûtes peur
de monter au Thabor ni d'aller sur la mer,
Vous redoutiez des sots la féroce rancœur.
Vous avez fui... Vous connûtes l'inquiétude,
l'errance, les détours à l'entour des villages,
et le morne repos des longues solitudes.
Vous savez quel morose et patient courage
il faut parfois pour se cacher, puis pour attendre
loin de sa tâche. Ayez pitié de ceux qui vont,
seuls, au hasard, traqués, par des chemins de cendre,
et que l'Etoile brille à leur sombre horizon !

LE CHEMIN DU ROYAUME

Comme il est long, Seigneur, et rude, et dur,
le chemin qui mène à votre Royaume !
Les peuples partis vers les temps futurs
aux ronces des nuits déchirent leurs paumes.

Parfois — n'est-ce qu'un mirage ? — ils croient voir,
lointaines, briller les tours de la Ville
aux coupoles d'or, et soudain l'espoir
embrase les cœurs d'une flamme agile.

Puis tout meurt, la Cité, l'espoir. Des brumes
de sang et de feu cachent l'horizon.
Sous les quatre vents des incendies fument
et les hommes las perdent la raison.

Me voici, traîné par la foule aveugle,
obligé de suivre un confus troupeau.
Dans les clochers noirs des sirènes meuglent
qui font sur nos fronts s'enfuir les corbeaux.

Errant, titubant et lourds de nos chutes,
nous heurtons vos croix par les carrefours,
et pourtant, ces pas que rien ne rebute,
c'est vers Vous qu'ils vont, Maître aux Mains d'Amour.

LA TUNIQUE DE NESSUS

Tunique de fer et de flamme, temps maudit,
ne pourrons-nous de nos épaules t'arracher !
Brûlé vif lentement par tes fibres,
l'esprit se tourmente et se tord comme au feu d'un bûcher.

Ah ! vivre nu, libre dans l'air et sans attaches,
aller par les chemins ou les champs pacifiques,
hors du temps, hors du monde, être l'agneau sans tache
qui paît loin du troupeau... Vain rêve ! la tunique
d'enfer colle à ma chair, et les siècles futurs,
oubliant mon regard et l'appel de ces mots,
les siècles ne verront que cette robe impure
où la guerre a brodé le feston de ses maux.

A SAINT CHRISTOPHE

Christophe qui passas l'Enfant sur tes épaules,
    malgré le poids du monde et le courant du fleuve,
ne soulèveras-tu le faix de nos épreuves ?
Depuis des ans, reclus dans la terrible geôle,
c'est un torrent de feu qu'il nous faut traverser.
Les flammes ont noyé les tours des cathédrales,
et nous chétifs, et nous par la route épuisés,
jusqu'aux berges de sang nous traqueront les balles.
Porteur, as-tu porté des jours aussi pesants ?
L'homme, par des chemins qui n'ont plus de lumière,
l'homme fuit d'un enfer inconnu de Satan :
donne-lui ton bâton pour passer la rivière.

LA DERNIÈRE ÉTOILE

Quand je n'aurai plus que mon sang à boire
et que mon cœur pour me chauffer,
quand ma faim sera comme une plaie noire
et ma vie un souffle défait ;

si je deviens las de sentir mes os
danser une macabre danse,
que j'écoute enfin l'appel au repos
qui monte du gouffre en silence ;

Vous dont les tendres mains, au bois clouées,
portèrent les péchés du monde,
— qu'elles pesaient lourd, les âmes damnées,
les âmes aux rires immondes,
qu'elles pesaient lourd aux paumes trouées ! —

laissez-moi, Seigneur, conserver l'espoir

que me veille votre amitié

pour que, dans ma nuit, je puisse vous voir

comme une étoile de l'été !

SOUVENIR

La mort peut-être, ou les villes l'ont prise,
 ou quelque amour qui la rend plus heureuse...
En vain, le soir, j'interroge les brises,
en vain l'écho de la mer oublieuse.

Mais quand je vais par les chemins d'exil,
portant mon faix de peur et de malheur,
à tout buisson guetté par les périls,
Elle est en moi qui me baise le cœur.

O souvenir, mon intime caresse,
courage clair et force en ma détresse,
fanal d'espoir dans mes tristes escales,
ta flamme vit malgré tant de rafales.
Tu nimbes d'or ces jours de solitude,
toi, mon souci et ma béatitude.

LE PAUVRE DU SEIGNEUR

Les palais tomberont, et l'or au fond des mers...
    Je serai seul, recru de fatigue et de maux,
je serai nu sous les lambeaux de ma misère,
je serai seul avec mon cœur et d'humbles mots.

Alors, quand je viendrai, Seigneur, tendre la main,
poudreux, boitant, fourbu, comme un gueux des chemins
qui n'a plus que la peau, ses os et son bâton,
Vous ne jetterez pas à mon âme un quignon,
mais Vous direz : « Mon pauvre, je te reconnais.
Sois bienheureux, toi que les guerres dépouillèrent,
car te voilà toi-même enfin ! — et tu renais
béni, comme Adam nu, de posséder la terre. »

IN MANUS TUAS, DOMINE...

Père, Vous connaissez mieux que moi ma misère,
et mieux que moi savez quels seront mes besoins.
Vous mènerez vers Vous mon aveugle prière
pour qu'à d'autres autels on ne l'égare point.
Notre ciel s'est peuplé de monstres inconnus,
dont les cris, et le vol, et la faim nous effraient.
Masques repeints, les vieux Satans sont revenus
et je vais tâtonnant par de noires forêts.
Maître dont les regards dominent l'horizon,
Vous qui pouvez compter les cheveux de nos têtes,
Vous qui voyez mon cœur avec ses trahisons
et quel obscur désir me livre encore aux bêtes,
dirigez-moi. Je m'abandonne entre vos mains
et je veux simplement tout ce que vous voulez.
Voie de la Vérité, soyez-moi le chemin
qui mène par les monts aux divines vallées !

L'AVRIL

L'avril approche : heureux qui le verra fleurir !
Nous que voici ne cueillerons la primevère
mais, par l'âge ou le feu condamnés à périr,
nous serons tôt couchés entre les draps de terre.

Le bel avril naîtra de notre pourriture.

Quand vous danserez nus sous d'éclatantes roses,
songerez-vous, adolescents des temps futurs,
mêlant notre poussière aux discutes des causes,
songerez-vous que notre mort fut nourriture ?

MEUBLES

A Jean-Yves LACROIX.

N'avouerai-je envers vous mon amour, humbles choses
   qui fûtes le parfum de mes jours sans soleil,
l'intime joie, entre les murs, des heures closes,
le songe de l'esprit et l'ange du sommeil :
mes livres, mes tableaux, et la table et l'armoire,
le linge honnête et tel qu'un loyal serviteur,
la coupe où le bon vin devient meilleur à boire,
et tous les éléments d'un modeste bonheur ?

Maintenant que je suis exilé loin de vous
et n'ai plus, comme ceux préférés du Seigneur,
même une pierre ; quand, las, dépouillé de tout,
et seul, traqué, j'erre de village en village,
comment ne pas vous évoquer, meubles d'antan,

vous, mes proches objets, si bien à mon image

que nous étions, au calme clair, un peu parents ?

ATTENTION

D'autres se battent. J'attends...
J'attends, depuis des années,
que s'apaisent les autans,
comme une âme condamnée
qui ne peut rien à sa peine.
Ah ! l'horreur est monotone
de cette maraude humaine
où sans fin le canon tonne !
Je suis las de toujours voir
la mort mener la misère.
Je suis las de ne pouvoir
faire rien que des prières.
Jour et nuit, rouges fontaines,
jaillit tant de jeune sang,
et, malgré ce flux, la haine

garde encore la soif aux dents.

Nos cœurs sont des cimetières

aux tombes toujours nouvelles.

Quand les tristes Filandières,

crampe aux mains, chômeront-elles ?

LA VEILLEUSE

Tant de pièges, Amour, et si tendres,
    serait-ce uniquement pour que la terre ait sa pâture ?
S'il faut que, chaque jour, des cadavres l'engraissent,
n'est-il, par les grands bois, assez de nourritures ?

O l'appel de la mort dans les yeux des amantes !
Le piétinement lent du troupeau millénaire
à peine sur le sol a tracé quelques sentes.
Vers quel but ? Devions-nous de nos crimes distraire,
dans les siècles de fer, quelque dieu qui s'ennuie ?
Qu'il chasse donc la troupe au jeu trop monotone !

Mais si, malgré le sang, la haine et l'incendie,
nous sommes conviés sur les degrés du trône,
Seigneur, tendez vers nous vos mains miraculeuses
et que l'Amour, demeure ainsi qu'une veilleuse !

LE JUGEMENT DERNIER

Lorsque les ossements, ultime floraison,
s'élanceront de terre et qu'au souffle des anges
dans le ciel éclaté les trompes sonneront,
n'étendez pas sur nous une main qui se venge,
Seigneur ! Le feu d'enfer, nous l'avons tisonné
comme d'aveugles doigts innocents de leurs crimes.
A votre tribunal, squelettes nouveau-nés,
nous attendrons sans peur le verdict qui rédime,
car nous dûmes hâler de trop pesants destins.
Vous ne frapperez pas du fouet de la colère
l'âme qui vous chercha dans ces jours incertains.
Errants et pourchassés vers des buts fatidiques,
nous fûmes les porteurs de vouloirs inconnus.
Nous fûmes dans la nuit les esclaves tragiques
dont les serpents de feu mordent les talons nus.

Las, nous viendrons, courbés encore, au Jugement.

Alors dans les éclairs de la chute des mondes,

rayant d'astres sans nom le dernier firmament,

le sens apparaîtra de notre vie profonde.

L'ARÔME

A Marcel ARLAND.

Je fais ce poème aux champs,
  le dos sur le serpolet.
Des brebis paissent, le chant
de la caille vient des blés.

Chaque faim quête sa proie,
et pourtant, quelle douceur
et quelle paisible joie
me pénètrent jusqu'au coeur !

La plante que j'ai meurtrie
m'embaume de sa blessure.
O mort, n'es-tu qu'harmonie
au concert de la nature ?

Et l'horreur de nos carnages
se peut-il qu'un dieu la goûte
comme un arôme sauvage
né de ses pas sur la route ?

L'ARRACHEUSE DE BETTERAVES

A Léon LEMONNIER.

Femme, tes larges pieds dans l'argile bourbeuse
et ton orteil plus dur que les flancs du sillon :
quel avenir enfanteront les amoureuses ?
aura-t-il goût de fer, de sang ou d'union ?

Tu pèses lourd et ton talon marque la terre,
tu façonnes les jours en ton ventre mobile
et nous les recevrons gluants de ton mystère,
visqueux, prompts à glisser de nos bras malhabiles.

Femme aux jambes poussées du sol, tel un tronc d'arbre,
et comme racinées par leurs doigts dans la glaise,
un dieu, que tant de morts et de malheurs apaisent,
un dieu de son désir te fera-t-il aumône ?

MES DEUX LIVRES

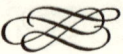

Pour Yves-Gérard LE DANTEC.

Le hasard — qui n'est pas si bête ! —
voulut que j'eusse, en mon exil,
deux livres seuls, mais quelle fête !
tout Paul Verlaine et l'Evangile.
Crierez-vous à l'irrévérence ?
leur voisinage me ravit
et s'accorde mieux qu'on ne pense.
La vérité, chacun la dit,
selon la chair, selon l'esprit.
Paul (malgré tant de bons apôtres
qui damneraient toute liesse,
je préfère ce Paul à l'autre),
Paul aima trop vigne et caresses.
Du moins, ne fut-il hypocrite

et Jésus pardonna très vite,
à ce vieil enfant, ses faiblesses.
J'écoute donc les Paraboles,
puis les poèmes de *Sagesse*
et les *Romances sans paroles*.
Voix de prophète ou de poète,
c'est toujours la Vérité nue
et, pour mon âme, quelle fête
d'errer en la double avenue !

L'ÉVADÉE

Lassés, moins des labeurs, que du poids de leur cœur,
les hommes ont plongé dans la mer sans rivage,
et la terre, échappant aux paumes des dormeurs,
la terre s'enivra d'une course sauvage.
Où les mondes vont-ils par la nuit sans chemins
et quel destin les guide ignoré de nos livres ?

Je me suis éveillé de mes songes humains
et reste seul, avec cette angoisse de vivre
qui fut celle d'Adam chassé hors du Jardin,
quand il ne reconnut son monde familier
et que les tigres blonds dans les bois eurent faim.

Qui veille ? Le soldat, au rempart oublié,
ferma ses yeux pesants. Je suis seul et l'abîme

s'est ouvert devant moi. Nul secours, vains appels.

Je suis seul. Tout le poids de l'infini m'opprime

à regarder la terre aux hommes infidèle,

la terre ivre parmi le ciel incendié.

AU FRÈRE AUSTRAL

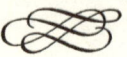

Pour John MANSFIELD.

La terre entière nous sépare, frère austral,
toute la terre, abîmes d'eaux, sables, rochers
et cet immense incendie noir du feu central.
Ton firmament mûrit des astres étrangers,
tu bois le soleil de mes nuits, mon crépuscule
est ton aurore, et quand je vais parmi les songes,
toi, par les rues, l'âme au travail, tu déambules.
Le sel ne m'atteint par des vagues où tu plonges.
Des océans déserts, sans ailes ni sillages,
répondent seuls, lugubres voix, à mon écoute.
Le vent, vieux chemineau de tous les paysages,
le vent même, épuisé, le vent se meurt en route.

Mais si quelque berger de ta montagne chante

sa peine bien-aimée au retour du pacage,

son chant pénètrera dans mes veines dolentes,

car son cœur et le mien sont du même village.

NORMANNIA DEVAITATA

A Mme Lucie DELARUE-MADRUS.

Terre dont j'aimais jusqu'aux touffes d'herbe,
toi qui m'as offert la vie et le lait,
mère de Flaubert, Corneille et Malherbe,
quel fléau de feu te bat comme blé ?
Les siècles brodaient de claire dentelle
les coiffes à jour de tes hauts clochers.
Tes calmes cités s'endormaient,
rebelles à remémorer de lointains bûchers.
Tu berçais la paix ; sur ta gorge grasse,
tes plages aimaient le jeu des baigneuses
et ta chair en fleur n'était jamais lasse
de nourrir la joie d'une foule heureuse.

Ah ! quel poing barbare a frappé ton front
et taché de sang plaines et collines !
Tu fanais naguère en cette saison,
tes bœufs se couchaient sous la haie d'épines
et le même calme était en leur yeux
qu'aux songes rusés de tes paysans.
Entre fleuve et mer tu buvais les cieux,
plus jeune toujours du baiser des ans.

Quelle faux de mort maintenant te fauche ?
Tes murs tombent dru comme l'herbe au pré,
ton peuple s'enfuit de droite et de gauche.
Qui, dans ce chaos, te reconnaîtrait ?

Nous n'avons pas su te défendre, mère.
Nous avons perdu le bel héritage
qu'avec tant d'amour nos pères laissèrent.
Tes cloches fondues par le feu sauvage,
tes cloches en nous sonneront leurs glas.
Nos âmes en deuil sont comme des claies
où la guerre traîne un funèbre amas
d'arbres, de manoirs, de morts et de plaies.
Ah ! qui nous rendra l'élan des Vikings
et des bâtisseurs de voûtes sacrées
pour aller, vaillants, même en tes ruines,
comme va l'abeille en tes pommeraies !

PRIÈRE POUR MA MÈRE

(Près de la « poche » d'Argentan).

J'égrappe des cassis et songe
à ma mère en son potager.
Une sourde angoisse me ronge
sous le ciel calme, si léger.
O temps heureux des confitures
dans la grand bassine de cuivre !
Sur les baies planait le murmure
d'une joie intense de vivre...
Là, maintenant, le canon tonne,
la maison tremble, hélas ! peut-être
s'est écroulée. Peurs monotones
qui chassèrent de la fenêtre
le cher visage d'autrefois.

O mort, si tu ne fus cruelle,

ma mère prie à demi-voix

et, plus encore que pour elle,

pour son fils. Plus de nouvelles,

aucun contact. Mais nos prières

en Vous, Seigneur, mêlent leurs ailes.

Songez à la Mère au Calvaire !

LE JUGE

*L*e Père jugera, non pas moi, car Lui seul
connaît l'ombre des cœurs et seul Il sait combien
pèse aux doigts du destin notre volonté veule.
Tant de maux en ces jours, tant de mal, quelque bien,
qui donc en est comptable et quelle part a l'homme
en ses propres malheurs ? Juste ! quelle est la mienne ?
Vous seul avez le droit de mettre au feu Sodome
et, maître du troupeau, de dire à qui le mène:
« Aux enfers ! » — Eveillez votre lente justice !
Le sang des innocents gicle sur vos genoux
et trop de criminels narguent les précipices...

Mais qui, sans peur, t'appellera, divin courroux ?

LA SAINTE MARIE

A ma mère.

Quinze août. Sainte-Marie. Les cloches sonnent-elles,
ou le canon, dans mon village ? et toi, ma mère,
en cette fête qui est la tienne, fidèle
à ta coutume, es-tu partie bonne première
pour la grand'messe ? Hélas ! tu n'as reçu mes vœux
ni mes baisers, pas le moindre signe de vie !
mais quels éclatements vers les cieux furieux
te font lever des yeux que ton mouchoir essuie ?
Les chapes d'or, le pain bénit fait de brioche,
puis, sur la table, un fin rôti, des fleurs, du vin,
le calvados dans un verre en cristal de roche,
vêpres, complies, et la procession enfin...
Comme c'est loin ! Combien vont, comme toi, souffrir,
combien mourir, sans même comprendre ! La guerre

est jeu de princes. Nous, simples, devons subir
ses lois... Ne pleure pas le linge de naguère,
ni l'armoire, ni les couverts, ni la maison.
Si tu vis, tout est bien. Et vous, sainte Marie,
Vierge mère, écoutez la plaintive oraison,
car la voix est naïve et pure, qui vous prie.

15 août 1944.

LE VILLAGE EN RUINES

A mon compatriote Wilfrid LUCAS.

Sous le poirier de franc-colin
les guêpes ont mangé les poires,
et la roue veuve du moulin
ne tourne plus ses aubes noires.

Les murs croulèrent sous les guerres,
les orties ont poussé par touffes,
et le potager de naguère,
la ronce et l'arroche l'étouffent.

L'eau seule encor vit au village,
sa chanson se perd sous les saules.
Mirent-ils, la nuit, leurs visages,
les morts évadés de leur geôle ?

LES FABLES DE LA FONTAINE

A Mme Lucie GUILLET.

A l'école, j'ai trouvé
    Les Fables de La Fontaine.
Délices de m'abreuver,
    enfance, mon Hippocrène,
    à ta source qui s'élance !

La guerre, à chaque heure,
    tue un peu de l'ancienne France,
tant de hameaux, tant de rues
    où musardait notre histoire.
Les maisons blanches et probes
    où, dans les senteurs d'armoires,
des ombres à longues robes
    erraient sans bruit ; les vieux murs

de l'église et des jardins,
tant de souvenirs obscurs
dont se forme le destin,
j'en respire en La Fontaine
l'arôme archaïque et frais,
baume, douceur à ma peine.

Noble parc, et si français,
Langue, en toi se réfugie
le passé de notre race.
Une subtile magie
dans les mots a laissé trace
de tous les pas des ancêtres.
Puissent, dans ces tristes veilles,
puissent mes poèmes être
une rose en tes corbeilles !

LE BOURDON

Vous ne m'avez pas fait pour respirer la haine,
Père, mais le parfum de la sauge et du thym.
Bourdon plus enivré d'air pur que de pollen,
par les chemins en fleurs je pille sans butin,
et ne porterai point de miel fauve à la ruche.
Ne fut-il pas, secret, d'autre but à mon vol ?

Insoucieux du vent, de la pluie, des embûches,
liant du même amour le ciel avec le sol,
tout m'était joie, et maintenant c'est de douleur
que je m'abreuve, à des corolles d'amertume.
Ah ! qu'il dissipe enfin, votre soleil, Seigneur,
l'étouffante nuée de frayeur et de brume !

À L'ORÉE DES PRODIGES

Les anges qui jouaient du luth, de la mandore,
de la viole, où volent-ils ? ceux dont la voix
de soprani berçait l'Enfant-dieu qui s'endort,
une pomme en sa main, dans l'ombre de la croix ?
Où volent-ils, les anges blonds aux longues robes ?
Dans le ciel ravagé de mortels météores,
quel nuage de sang à nos yeux les dérobe ?

J'écoute, au bord des nuits, l'oreille à leur margelle.
Le silence divin parfume seul l'haleine
de la terre endormie. Anges, à tire d'ailes
revenez, revenez des envolées lointaines !
Mon âme tremble, nue, à l'orée des prodiges,
mon âme est à l'affût des choses éternelles.

HOC ERAT IN VOTIS...

A Phileas LEBESGUE.

Du calme, de l'air pur, quelques fleurs et des livres,
une tendresse douce et discrète, qui veille,
ne m'accorderez-vous l'allégresse de vivre
et de goûter, Seigneur, à ces humbles merveilles ?

Ma vie fut un hochet aux doigts noueux des guerres
et je suis las d'errer d'alarmes en terreurs.
N'aurai-je de répit qu'au lit noir de la terre,
sans connaître jamais ton ombrage, bonheur ?

Une maison dans un jardin, quelques amis,
des fruits que l'on cueille soi-même, hors rosée,
le chat qui joue, une promenade parmi
les herbes, ou le rêve à travers la croisée,

serait-ce trop Vous demander ? Vous n'aviez pas
de pierre où reposer le front, mais Vous aimiez
Vous arrêter à Béthanie et, le soir, las,
causer avec Lazare et Marie à vos pieds...

Donnez-moi, — je vieillis —, un automne plus clair
que ne fut le printemps, et je vous offrirai
le raisin de ma treille et la noix dont le goût amer
s'adoucit, comme fit ce cœur immodéré.

LES SAISONS NUES

*L*es champs me livrent aux Saisons. Elles vont nues
et rien ne cache, à mes yeux effrayés, leur fuite :
pas un amour, pas un combat, aucune nue.
Les heures lentes à venir, comme elles quittent
nos regards ! Se peut-il que déjà les moissons,
dans le soir plus hâtif, cèdent place aux éteules ?
On veut que le temps passe, et, soudain, quel frisson !

Bientôt, sur le plateau, s'élèveront les meules,
mais quel grain sauverai-je ? ou quelle paille ? Dieu
m'offre-t-il vainement, de ses deux mains, le monde ?
Ah ! saisir, arrêter la course du ciel bleu !
Cet ample amas de fruits, de fleurs, n'est-ce qu'une onde,
et mes jours, et mon corps ? Tout s'écoule, je sais.
Du moins, permettez-moi de cueillir à brassées,

puisque vous m'avez fait ces craintives vacances,

Seigneur, tant de vos dons que le passant dédaigne !

N'est-il fleuri de mélilot, de centaurée, d'immense

azur, le, vieux chemin qui mène à votre règne ?

LA BONNE MORT

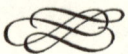

La mort mûrit en moi comme un fruit du verger,
une mort familière et que mes yeux regardent
approcher doucement de la maturité.
Des soins de jardinier méticuleux retardent
l'heure des cueillaisons.

Bourrasques, o colères
du ciel, qui arrachez les feuilles et les fruits,
et l'arbre même aux mains noueuses de la terre,
Dieu vous éloigne, et garde mon clos à l'abri !
Que la mort, lentement, achève d'y mûrir
et que soient doux les doigts qui la viendront cueillir !

LE CHEMINEAU

A Pierre LELIÈVRE.

Appel des trains dans la nuit. Vers quelle aventure ?
Pèlerin, n'es-tu pas saoul des terres promises ?
Les rats mangèrent le grain avant la glanure :
ton espoir, il s'envola comme balle en bise.

Dormir ! dormir ! tu n'aspires plus qu'au repos,
mais de quel droit ? quels travaux t'ont rendu si las ?
Qu'as-tu fait de tes jours, de tes joies, de tes maux ?
dis quel butin, et sur les crêtes quels combats ?

Tes mains sont vides. Sac au dos ! Par les chemins,
les champs, les bois et les déserts vers les mirages,
marche ! Les soleils naîtront de nouveaux matins,

et si tes pas jamais n'atteignent le rivage,

si tu dois succomber avant le terme, écoute,

chemineau, l'appel des horizons : meurs en route !

AUX CHAMPS

L'exil est dans la foule et non pas dans les champs.
    Tout me rassure ici, le choc des épis mûrs,
l'alouette et le mélilot, même, obsédant
le sombre appel qui déjà vient du sol obscur.

Je dormirai si bien sous les herbes que j'aime !
Lorsque Dieu jugera que ma sève tarit,
villes, épargnez-moi votre prison suprême,
l'horreur du cimetière où le nombre pourrit.

Qu'on me creuse une tombe au soleil, dans un pré,
puis qu'on invite alors les simples du chemin :
je veux ; payer ma dette et je leur donnerai
mon sang comme breuvage et mon cœur en festin.

NON FECIT TALITER

Bientôt je vais atteindre à la saison tardive
    où le laboureur fait le compte de son grain.
Heureux celui dont la gerbée touche aux solives !
Hélas ! si mon grenier de pur froment n'est plein,
la faute n'en sera qu'à ma folle paresse,
car vous m'avez donné les plus riches semailles,
Vous, Seigneur, tant de fois penché sur ma détresse.
Vous m'avez abreuvé du sang noir des batailles,
et de misère, et d'espérance, o bonheur clair
et longue nuit où la douleur mit sa morsure !
J'ai vu les nations aux rives séculaires
sous le ciel enflammé crouler comme un vieux mur.
Les seigles, les blés durs, les avoines et les orges,
Toutes les moissons d'or ont bordé nos chemins
Avec les cris, le soir, des peuples qui s'égorgent.

Pourquoi n'ai-je fauché que de maigres javelles ?

Mes bras, non pas mon coeur, se lassèrent, Seigneur.

Lorsque vous fanerez mon grain sur votre pelle,

ne le jetez au feu de l'éternel malheur !

LES PAS DE LA VICTOIRE

*L*a terre tremble. Les coups sourds
    à mes tempes se répercutent.
Angoisse : les bombardiers lourds
que visent-ils ? quels points de chute ?
Parents, amis, las ! tous mes proches
je ne sais où sont en péril.
Comment, de la funèbre approche,
les protéger en mon exil ?

J'écoute, et soudain ce galop...
Je reconnais le pas, Victoire,
de tes chevaux qui sonne haut
dans la mémoire. Est-ce la gloire ?
Plus belle encor : la liberté !
Rompant nos malheurs et nos chaînes,

relevant les fronts indomptés,

dans ta course tu nous entraînes

et ton canon est notre pouls,

bien-aimée, quand tu viens vers nous.

À LA VICTOIRE AILÉE

Vole, Victoire, et sois légère à notre terre.
    Tes sabots d'or ont frappé la nue d'étincelles,
mais dès qu'ils poseront sur notre sol, modère
un galop trop pesant, souviens-toi de tes ailes !

Nos mains ne mènent plus, hélas ! tes fiers chevaux,
mais tu fis trop longtemps avec nous alliance
pour avoir oublié les routes de la France.
Songe aux blés de la plaine, aux peupliers des vaux,

épargne les clochers, le vieux pont et l'auberge,
le maréchal-ferrant, sa forge et sa maison,
tous ceux qui, pour te voir, firent brûler des cierges,
appelant ta venue comme une guérison.

Vole, Victoire, et sois pareille à ton image

que doraient notre amour et notre longue attente.

Pose ton baiser clair aux fronts de nos villages

et que ton pas ailé n'écrase que les menthes !

LES AIGLES D'OR

L'épieur d'avenir, qui va les yeux levés,
　　sur les cimes voit-il l'envol des aigles d'or ?
Vous qui serez demain, o jours immaculés,
mon cœur déjà frémit du merveilleux essor.

Fils ailés du soleil et de la nuit profonde,
aigles d'or essorant de vos aires qui grondent,
vous les porteurs de foudre en vos serres divines,
lacérez une nue dont le poids nous oppresse.

Les prophètes alors au sommet des collines
découvriront, — o chant, force, danse, allégresse !
l'avenir que déjà vos ombres illuminent.

Copyright © 2020 by ALICIA EDITIONS
Crédits image : Canva
Tous droits réservés

www.ingramcontent.com/pod-product-compliance
Lightning Source LLC
LaVergne TN
LVHW092011090526
838202LV00002B/96